Joachim Telgenbüscher,
Redaktionsleiter
von GEO*EPOCHE*

Liebe Leserin, lieber Leser

DIESES HEFT IST ETWAS NEUES. Und es zählt ganz sicher zu den ungewöhnlichsten Ausgaben, die unser Redaktionsteam bislang produziert hat, auch wenn es GEO*EPOCHE* PANORAMA schon seit geraumer Zeit gibt. Denn zum ersten Mal in der Geschichte dieser Reihe widmen wir uns nicht einem einzelnen Schwerpunkt, sondern versammeln höchst unterschiedliche Themen auf den folgenden Seiten – von der Hyperinflation in der Weimarer Republik über die Ermordung John F. Kennedys bis hin zu den autofreien Sonntagen und dem Irakkrieg.

Eine wilde Mischung, keine Frage, und doch gibt es eine Klammer, die all die Kriege, Krisen und Umwälzungen, aber auch die bemerkenswerten kleinen, hellen Momente, die wir Ihnen vorstellen wollen, zusammenhält. Sie alle feiern im Jahr 2023 ein rundes Jubiläum. Nun wird natürlich ein historisches Ereignis nicht plötzlich relevanter, weil es sich zum dreißigsten, fünfzigsten, achtzigsten oder hundertsten Mal jährt. Trotzdem scheint es mir so zu sein – gerade beim Blick in die Medien und auf den Buchmarkt –, als gäben die Jahrestage unserer kollektiven Erinnerung erst den Rhythmus vor. So wie Ehepaare ihre goldene Hochzeit feiern, richtet die Öffentlichkeit häufig erst dann den Blick auf die Vergangenheit, wenn ein rundes Jubiläum ansteht. Ist das nur ein Ritual ohne tieferen Sinn? Ich finde nicht.

Die deutsche Literatur- und Kulturwissenschaftlerin Aleida Assmann, die sich mit dem Phänomen der Jahrestage beschäftigt hat, sieht das ganz ähnlich. Sie argumentiert, dass die Jubiläen eine soziale Funktion erfüllen. Erinnerungen blieben nur dann lebendig, wenn man sie reaktiviere, reinszeniere und erneuere. Indem wir in regelmäßigen Abständen vergangene Ereignisse beschwören, versichern wir uns als Gesellschaft unserer Geschichte. Ich bin der Meinung: Das kann nicht schlecht sein.

Natürlich aber zeichnet sich dieses Heft durch viele der Stärken aus, die Sie von GEO*EPOCHE* PANORAMA gewohnt sind. Wir haben uns wie immer bemüht, Geschichte mit den besten Bildern zu erzählen. Ergänzt durch Interviews mit Expertinnen und Experten, wie zum Beispiel mit der Londoner Professorin Kristina Spohr, die erklärt, warum das Jahr 1993 ein Schlüsseljahr für Russlands gescheiterten Weg in die Demokratie gewesen ist.

Besonders ans Herz legen möchte ich Ihnen das zentrale Lesestück in diesem Heft: ein Porträt der Widerstandskämpferin Sophie Scholl, deren Hinrichtung sich im Februar 2023 zum achtzigsten Mal jährt. Eine Figur, die wir in GEO*EPOCHE* bisher noch nicht gewürdigt haben und an die es sich ganz gewiss zu erinnern lohnt.

Herzlich

Joachim Telgenbüscher

JOACHIM TELGENBÜSCHER

INHALT

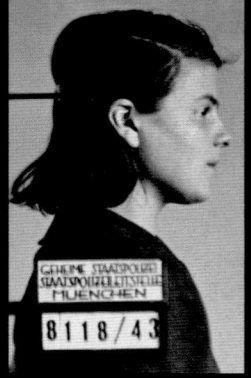

OHNE TREIBSTOFF
Nach einem Krieg
im Nahen Osten leidet
die ganze Welt unter
einem Ölembargo. In
Chile siegt die Gewalt
über die Freiheit.
Und US-Frauen dürfen
abtreiben. *Seite 82*

1973

DIE ZUSPITZUNG
Die Opferzahlen der
mysteriösen Krankheit
Aids steigen. Im Nord-
pazifik und der Karibik
eskaliert der Kalte Krieg.
Und Deutschland
diskutiert eine dreiste
Fälschung. *Seite 94*

1983

1993

TRÜMMER UND HOFFNUNGSZEICHEN
Granaten treffen eine berühmte Brücke auf dem Balkan. Die RAF begeht
ihren letzten Anschlag. Und in Nahost scheint Frieden möglich. *Seite 104*

GLOBALE HYBRIS
Die USA stürzen den irakischen
Diktator Saddam Hussein. Im
All tauchen Chinesen auf. Und
Europa schwitzt. *Seite 114*

AM ABGRUND
Erstmals seit 700 Jahren tritt
ein Papst zurück. In Kiew wird
protestiert. Und vor Lampedusa
sinkt ein Boot. *Seite 122*

2003

2013

TITELBILD: *oben:* Adolf Hitler, vermutlich beim Reichsparteitag
der NSDAP 1933; *Mitte:* Martin Luther King beim
»Marsch auf Washington« 1963; *unten:* Bundesbürger an
einem autofreien Sonntag während der Ölkrise 1973

FAKTEN UND DATEN in dieser Ausgabe sind vom Verifikations-
team im Quality Board auf ihre Richtigkeit überprüft worden.

REDAKTIONSSCHLUSS: 21. Oktober 2022

1923

KRISE UND AUFBRUCH

Es ist das Jahr, in dem Hyperinflation, Ruhrbesetzung und Hitler-Putsch die Weimarer Republik ins Wanken bringen. In dem ein uraltes Grab die Welt fasziniert und eine folgenschwere Ehe geschlossen wird. Und in dem Film und Radio in Deutschland als neue, aufregende Massenmedien aufkommen

BILDTEXTE: INSA BETHKE UND JOHANNES TESCHNER

GEWALTIG SIND DIE SCHULDEN, die auf der Weimarer Republik lasten: Einschließlich der Kriegskosten belaufen sie sich auf 155 Milliarden Mark, dazu kommen die Reparationsforderungen der Alliierten. Gegen jeden wirtschaftlichen Sachverstand versucht die Regierung das Problem in den Griff zu bekommen, indem sie immer mehr Geld druckt. 1923 mündet dieses Vorgehen in einer nie da gewesenen Hyperinflation. Um in Wechselstuben wie dieser einen US-Dollar zu bekommen, müssen Kunden zeitweilig rund vier Billionen Reichsmark eintauschen

WIRTSCHAFTLICHE NOT Existenzen in Trümmern

WEIL DIE DEUTSCHEN mit den Reparationen in Verzug sind, schicken Paris und Brüssel Anfang 1923 rund 60 000 Soldaten ins Ruhrgebiet. Die Kontrolle der Kohleförderung durch die Besatzer soll die ausstehenden Zahlungen erzwingen – als »produktives Pfand«, wie Frankreichs Regierungschef Raymond Poincaré verkündet *(französischer Soldat auf einem Zug mit Kohle)*

DIE REICHSREGIERUNG ruft die Menschen in den besetzten Gebieten *(hier französische Truppen im Januar 1923 in Bochum)* zum passiven Widerstand auf. Zechen und Stahlwerke stehen still, während der Staat die Löhne der Arbeiter weiterzahlt. Und so schwächen die Streiks die taumelnde Wirtschaft der Republik zusätzlich und heizen die Inflation an

RUHRBESETZUNG Invasion im Frieden

[...]YPERINFLATION verschärft das [...] derjenigen, die ohnehin schon [...]g haben, und das sind viele [...]en harten Nachkriegsjahren. [...]allem in den großen Städten [...]tschlands leben Menschen [...]mmengepfercht auf engem [...]m, Millionen sind unterernährt, [...]nkheiten wie Rachitis und [...]erkulose grassieren

DEF FILM IST das aufregendste
Medium der 1920er Jahre, gilt als
jung, experimentell radikal.
Im April 1923 kommt in den USA
die Komödie »Safety Last!«
in die Kinos. Die Szene, in der
der Hauptdarsteller Harold Lloyd
hoch über den Straßen von
Los Angeles zappelnd an einem
Uhrzeiger hängt, wird zu
einer ikonischen Einstellung
der Stummfilm-Ära

SENSATIONSFUND Das Grab des Pharao

ES IST DIE WOHL SPEKTAKULÄRSTE archäologische
Entdeckung aller Zeiten: Ende 1922 stößt der
britische Privatforscher Howard Carter auf
das Grab des ägyptischen Pharao Tutanchamun.
Einige Monate später, im Februar 1923, erfolgt
die Öffnung der eigentlichen Grabkammer,
in der sich der Sarkophag und etliche kostbare
Beigaben befinden

IN IHREM BRAUTKLEID tritt Elizabeth Bowes-Lyon am 26. April 1923 aus dem Londoner Stadthaus ihrer Eltern. Eine Kutsche bringt die aus schottischem Adel stammende 22-Jährige nach Westminster Abbey – zu ihrer Vermählung mit dem späteren König Georg VI. 29 Jahre darauf wird ihre Tochter Königin: Elisabeth II. Und sie selbst von den Briten fortan als »Queen Mum« gefeiert

ROYALE HOCHZEIT Lange vor »Queen Mum«

BAYERN IST IM JAHR 1923 eine Hochburg von Verächtern der Weimarer Republik. Am 8. November ruft Adolf Hitler in München die »nationale Revolution« aus und erklärt die Landesregierung und die Reichsregierung in Berlin für abgesetzt. Einige Tausend Bewaffnete stützen seinen Putsch, besetzen strategische Stellungen in der Stadt

DER »FÜHRER« der rechts-radikalen NSDAP will nach der Machtübernahme in München mit Einheiten der paramilitärischen Sturm-abteilung (SA) nach Berlin marschieren. Das Bild zeigt Hitler Ende Januar beim ersten »Reichsparteitag« der NSDAP in München

DIE AUFRÜHRER STÜRMEN den Bürgerbräukeller *(hier bei einer NSDAP-Veranstaltung um 1923)*, wo am Abend des 8. November Mitglieder der bayerischen Lan-desregierung versammelt sind, und machen ihn zu ihrem Haupt-quartier. Der dilettantisch organi-sierte Putsch endet zwar binnen 24 Stunden im Feuer der Polizei, Hitler und etliche Mitverschwörer werden verhaftet, NSDAP und SA verboten. Doch bereits zwei Jahre später kann Hitler seine Partei von Neuem gründen

Zigarren

WÄHRUNGSREFORM Das Ende des Zahlentaumels

im Sommer 1923 in Geld,
das nichts mehr wert ist.
Erst Mitte November ist das
Inferno der Hyperinflation
überstanden: Die Regierung
stabilisiert das Geldsystem
durch Ausgabe der Renten-
mark, einer neuen, vorläufigen
Währung. Der Tauschkurs:
eine Billion zu eins. Die
wertlos gewordenen Scheine
verschwinden – hier etwa
in der Presse eines Berliner
Lumpensammlers

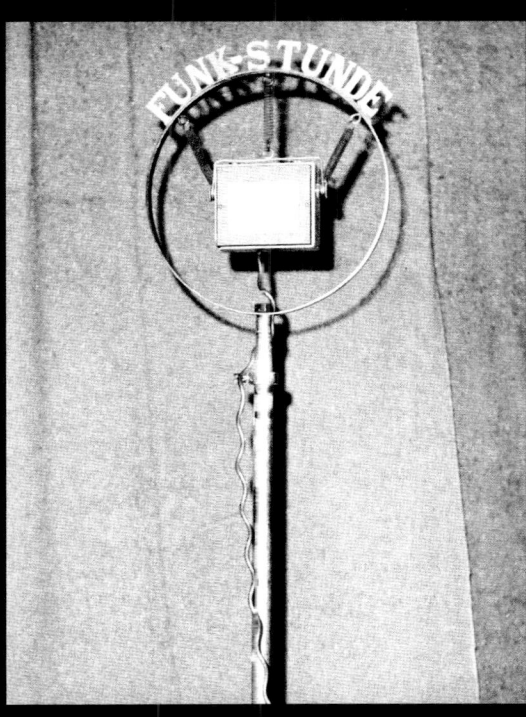

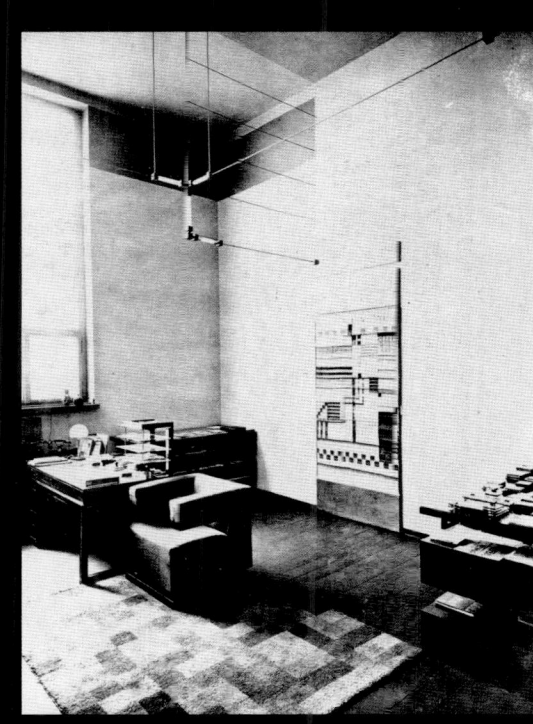

OBGLEICH 1923 SCHWERE KRISEN
die Weimarer Republik erschüttern, strahlt sie im Glanz der
Moderne. Im Oktober beginnt
in Berlin die Geschichte des
öffentlichen Rundfunks in
Deutschland – mit einem von
einem Haus im Stadtzentrum
übertragenen Schallplattenkon-
zert. Und bald bringt das neue
Massenmedium auch Livemusik
in die Stuben der Deutschen

ANFANGS SIND RADIOGERÄTE noch
Kuriositäten. Doch zwei Jahre
nach der Premiere der »Funk-
Stunde«, des ersten deutschen
Radiosenders, hat der Rund-
funk im ganzen Land bereits
rund eine Million angemeldete
Hörerinnen und Hörer

AB DEM 15. AUGUST 1923 strömen
Besucher aus dem In- und Ausland
nach Weimar: Dort bringt die
erste öffentliche Ausstellung der
Kunstschule »Bauhaus« die
Welt zum Staunen. Eine radikal
reduzierte, kühle Formensprache
prägt die Werkstücke und Ent-
würfe dieses Laboratoriums für
zeitgemäßes Design – und auch das
Arbeitszimmer seines Gründers
Walter Gropius *(Foto um 1925)*

»EIN SIEG ÜBER ALLE WIDERSACHER«

1923 gilt in Deutschland vor allem als Jahr der Krisen. Zu Unrecht, sagt der irische
Historiker Mark Jones: Vielmehr habe sich in der Weimarer Republik damals
die Stärke der Demokratie gezeigt. So könne der Rückblick Mut machen für aktuelle
Herausforderungen – und zugleich die Sinne schärfen für drohende Probleme

INTERVIEW: MANUEL OPITZ

GEO*EPOCHE*: **DAS JAHR 1923 WAR FÜR DEUTSCHLAND EIN JAHR DER KRISEN: RUHRBESETZUNG, HYPERINFLATION, MASSEN-ARBEITSLOSIGKEIT, HITLER-PUTSCH. WARUM IST DIE WEIMARER REPUBLIK ANGESICHTS DIESES UNHEILVOLLEN ZUSAMMENTREFFENS NICHT SCHON 1923 GESCHEITERT?** DR. MARK JONES: Das ist so eine typische Frage! Eigentlich müsste man fragen: Warum erwarten viele Deutsche, dass die Weimarer Republik 1923 scheitert? Und die Antwort lautet: Weil sie denken, dass die Demokratie in Deutschland schwach war, keinen Krisen standhalten konnte und die Zukunft den Nationalsozialisten gehören musste. Aber das ist eine heutige Perspektive, nicht die der Zeitgenossen damals.

WAR DIE DEMOKRATIE IN WEIMAR DENN NICHT „SCHWACH"? Das lässt sich so nicht verallgemeinern. Das Jahr 1923 zeigt vielmehr die Stärke der Demokraten in der Weimarer Republik. Heute wird Demokratie in Deutschland oft als etwas betrachtet, das sich erst nach 1945 etabliert hat. Dabei reichen demokratische Ideen in Deutschland natürlich bis 1848 und noch weiter zurück. Die Demokratie ist 1919 mit der Errichtung der Weimarer Republik nicht vom Himmel gefallen, und die demokratischen Politiker wussten nur zu genau, was für eine kostbare Institution sie 1923 verteidigten – auch deshalb waren sie erfolgreich.

WER WAREN 1923 DIE GRÖSSTEN VERTEIDIGER DER WEIMARER REPUBLIK? Allen voran der damalige Reichskanzler Gustav Stresemann und der Reichspräsident Friedrich Ebert. Stresemann verkündete im September 1923 den Abbruch des passiven

Widerstands: Großflächige Streiks gegen die französische und belgische Ruhrbesetzung hatten Industrie und Verkehr teils lahmgelegt. Der Reichskanzler erkannte aber, dass eine Fortsetzung die Hyperinflation weiter angefacht und die deutsche Volkswirtschaft, vielleicht sogar die Republik, zerstört hätte. Für die Stabilisierung der Wirtschaft war das eine notwendige, in Zeiten des Nationalismus aber riskante Entscheidung: In Bayern planten rechtsextreme Kreise einen Putsch gegen die Reichsregierung, und vor allem in Sachsen und Thüringen sahen Kommunisten den Moment für eine Revolution gekommen. Um diesen Bedrohungen zu begegnen, berief sich Ebert auf das Notverordnungsrecht, durch das er als Reichspräsident eine Reihe von Vollmachten erhielt. Auf dieser Grundlage konnten zum Beispiel Reichswehrtruppen nach Sachsen entsandt und die dortige Landesregierung abgesetzt werden. Das zeigt doch, dass die Weimarer Republik eben nicht nur Scheitern und Radikalisierung war: 1923 siegten deutsche Demokraten über ihre Widersacher von links und rechts.

SIE GEHEN SOGAR NOCH WEITER. IN IHREM BUCH BESCHREIBEN SIE 1923 ALS DEN „WOHL GRÖSSTEN ERFOLG DER DEUTSCHEN DEMOKRATEN IN DER ERSTEN HÄLFTE DES 20. JAHRHUNDERTS". IST DAS NICHT ETWAS HOCH GEGRIFFEN? An welche Erfolgsmomente der deutschen Demokratie denken Sie denn in diesem Zeitraum?

ZUM BEISPIEL DIE REVOLUTION VON 1918/19, DIE WEIMARER NATIONALVERSAMMLUNG 1919 ODER DIE AUSARBEITUNG DES

ZUR PERSON

DR. MARK JONES, Jg. 1981, hat in Cambridge, Dublin und Florenz studiert und forscht schwerpunktmäßig zur deutschen Geschichte im 20. Jahrhundert. In seinem jüngsten Buch »1923 – ein deutsches Trauma« (Propyläen) betont er die Widerstandsfähigkeit der Weimarer Republik in Zeiten der Bedrängnis

GRUNDGESETZES 1948/49. Die Ausarbeitung des Grundgesetzes wurde maßgeblich von den westlichen Alliierten angestoßen. Zu sagen, dies sei der größte Moment der deutschen Demokratie gewesen, würde Millionen Deutsche in der damaligen sowjetischen Besatzungszone von diesem Prozess ausschließen. Die Ausrufung der Republik 1918 wiederum war natürlich ein entscheidender Moment, wir dürfen aber nicht vergessen: Ein Großteil der Bevölkerung sehnte die Demokratie herbei, vor allem, damit der Erste Weltkrieg ein Ende findet, aber auch in der Hoffnung auf ein besseres Leben. Das ist der Grund dafür, dass rund 75 Prozent der Wählerinnen und Wähler bei den Wahlen zur National-versammlung im Januar 1919 für Parteien stimmten, die für die liberale Demokratie standen.

UND DAS SOLL KEIN GEWALTIGER ERFOLG DER DEMOKRATIE SEIN? WAS MACHT 1923 IN IHREN AUGEN „GRÖSSER"? Der Anfangs-optimismus war 1923 verschwunden. Die Weimarer Republik konnte die in sie gesetzten Erwartungen nicht erfüllen, im Gegen-teil: Die Hyperinflation stürzte die Demokratie in eine schwere Legitimationskrise, Hunderttausende Menschen verloren alles, was sie hatten. Als Stresemann das Ende des passiven Widerstands verkündete, betrachteten viele national eingestellte Bürgerinnen und Bürger dies als Verrat an Deutschland. 1923 waren die Gegner der Demokratie, sowohl am linken als auch am rechten Rand, in einer viel stärkeren Position als 1918, die Weimarer Republik stand am Abgrund. In einer solch dramatischen Situation die Demokratie zu retten, ist eine beispiellose Errungenschaft.

LETZTLICH IST DIE WEIMARER REPUBLIK TROTZDEM GESCHEITERT. WARUM IST ES IHNEN SO WICHTIG, AUF DIE ERFOLGE IM JAHR 1923 HINZUWEISEN? Damit die langen demokratischen Traditio-nen, die es in Deutschland gibt, stärker ins Bewusstsein gelangen. Und um die Vorgänge des Jahres 1923 besser einzuordnen. Was denken Sie denn, welches damalige Ereignis 2023, 100 Jahre später, die größte Aufmerksamkeit erfahren wird?

DER HITLER-PUTSCH. Ganz bestimmt. Der Fokus wird auf Hitler liegen, und das halte ich für falsch. Die Nationalsozialisten haben den Putsch zu ihrem Gründungsmythos stilisiert. In Wirklichkeit aber war er nur eine Krise von vielen und sicherlich kein Ereignis, von dem der Fortbestand der Republik abhing. Dass sich vor allen Gegnern der Demokratie – Kommunisten und rechte Kreise – aus-gerechnet die Randgruppe der Nationalsozialisten durchsetzen wird, war 1923 nicht abzusehen. Deshalb sollten wir heute nicht die Geschichte aus der Perspektive der Nationalsozialisten erzäh-len, sondern aus der Perspektive derjenigen, die aufgestanden sind und die Demokratie erfolgreich verteidigt haben.

WIE NAHMEN DENN ZEITGENOSSEN DAS JAHR 1923 WAHR? SAHEN SIE DIE DEMOKRATIE NACH DEN ÜBERSTANDENEN KRISEN GEFES-TIGT, ODER RECHNETEN SIE – IM GEGENTEIL – MIT WEITEREN ERSCHÜTTERUNGEN? Es gab durchaus Optimismus. Intellektuelle,

darunter zum Beispiel Thomas Mann, glaubten Ende 1923 an einen neuen, friedlichen Aufbruch für Europa. Höhepunkt dieser Optimismuswelle war die Konferenz von Locarno 1925, auf der Deutschland, Frankreich und Belgien zusicherten, auf eine gewaltsame Veränderung ihrer Grenzen zu verzichten. Die große Frage ist, was passiert wäre, wenn die Weimarer Republik nach 1923 mehr Zeit gehabt hätte, sich zu stabilisieren.

DOCH 1929 KAM DIE WELTWIRTSCHAFTSKRISE. Genau. Sie hat Deutschland mit voller Wucht getroffen. Diese paar Jahre zwi-schen 1924 und 1929 waren einfach zu wenig, um eine politische Kultur mit großer demokratischer Widerstandskraft zu entwi-ckeln, die einer erneuten schweren Krise standzuhalten vermag.

1923 STEHT EXEMPLARISCH DAFÜR, WIE KRISEN EINE DEMOKRA-TIE ERSCHÜTTERN KÖNNEN. AUCH HEUTE LEBEN WIR IN EINER ZEIT DER DAUERKRISEN. WIE WIDERSTANDSFÄHIG IST UNSERE DEMOKRATIE? In Deutschland ist die Demokratie heute jedenfalls widerstandsfähiger als während der Weimarer Republik, schon allein deshalb, weil sie sich über Jahrzehnte in der Gesellschaft fes-tigen konnte. Aber natürlich sind Demokratien nicht unangreifbar. Wie reagieren die Menschen, wenn die nächsten Winter sehr kalt werden, es nicht genug Gas gibt und Deutschland in eine schwere Rezession rutscht? Das kann niemand vorhersehen.

ABER WELCHE LEHREN ÜBER DEN UMGANG MIT KRISEN LASSEN SICH KONKRET AUS WEIMAR ZIEHEN? Zum Beispiel, dass sozialer Friede für den Zusammenhalt einer Gesellschaft immens wichtig ist. In der Weimarer Republik haben Vertreter der jüdischen Gemeinde Deutschlands vom Staat eine Strategie gegen den zu-nehmenden Antisemitismus gefordert. Bildungsprogramme etwa und das Verbot von Hetzkampagnen. Politische Entscheidungs-träger sind heute gut beraten, gesellschaftlichen Minderheiten zuzuhören und mehr zu tun gegen Hass und die Verbreitung von Vorurteilen in sozialen Netzwerken. Was sonst passieren kann, sehen wir in den USA.

INWIEFERN? Wir können dort beobachten, wie demokratische Werte und Normen nach und nach erodieren, denken wir an das Infragestellen von Wahlergebnissen oder das Diffamieren politi-scher Gegner. Da sehe ich durchaus Parallelen zu den letzten Jahren der Weimarer Republik. Damals hat sich Hitler nach dem fehlgeschlagenen Putschversuch 1923, der ihn tief getroffen hat, immer weiter radikalisiert. Auch Donald Trumps politische Attacken wurden nach den verlorenen US-Wahlen 2020 wüster, bis heute verbreitet er Verschwörungstheorien, schürt Hass. Das heißt: Sollte er die Präsidentschaftswahlen 2024 gewinnen, wird er ein anderer, ein gefährlicherer Präsident sein als letztes Mal. In einem solchen Fall müssen wir damit rechnen, dass die Demokratie in den USA weiter beschädigt wird, dass Lügen pro-pagiert und geglaubt werden, möglicherweise auch, dass Gewalt gegenüber politisch Andersdenkenden zunimmt. ●

933

H INS DUNKEL

m Adolf Hitler an die Macht kommt und
eginnen, Deutschland gemäß ihrer Ideologie
d Andersdenkende zu verfolgen. In dem
fgreifenden Reformen gegen die globale
n. Und in dem Kunstschaffende in aller Welt
en und Ausdrucksmittel hinwegfegen
XTE: JOHANNES TESCHNER

DIE NATIONALSOZIALISTEN feiern Hitlers Ernennung
zum Reichskanzler: Am Abend des 30. Januar 1933
ziehen stundenlang SA- und SS-Männer durch
das Berliner Regierungsviertel. Der jüdische Maler
Max Liebermann kommentiert: »Ich kann gar
nicht so viel fressen, wie ich kotzen möchte« *(für
Propagandazwecke später nachgestellte Szene)*

MACHTERGREIFUNG Triumph der Totengräber

AM 27. FEBRUAR 1933 brennt der Reichstag in Berlin. Das Feuer hat vermutlich ein niederländischer Arbeiter gelegt, ein Einzeltäter. Doch die NS-Führung macht angebliche kommunistische Verschwörer für die Tat verantwortlich – und nutzt den Brand, um ihre politischen Gegner auszuschalten

FEUERWEHRMÄNNER BLICKEN in den zerstörten Plenarsaal des Reichstags. Schon am Tag nach Ausbruch des Brands lässt die NS-Regierung eine Notverordnung verkünden, die Grundrechte außer Kraft setzt und es ihr erlaubt, Zehntausende Menschen – linke Politiker etwa, Intellektuelle und Künstler – ohne Gerichtsverfahren zu verhaften

IN DEMONSTRATIVER Ehrerbietung verneigt sich der neue Kanzler Adolf Hitler im März 1933 vor Reichspräsident Paul von Hindenburg. Die Geste soll die gemäßigten Konservativen in Deutschland beruhigen, eine Kontinuität der NS-Herrschaft mit dem Kaiserreich vorgaukeln. Doch in Wirklichkeit hegt Hitler Pläne, die das Land radikal verändern werden

SA Der andere Weg aus der Krise

MITTEN IN DER durch den Börsencrash von 1929 ausgelösten Wirtschaftskrise wird Franklin D. Roosevelt 1933 US-Präsident. Mit seinem Programm des »New Deal« reformiert er das Land grundlegender als jeder seiner Vorgänger – und bringt die USA auf den Weg vom Wildwestkapitalismus zum Sozialstaat

IM MÄRZ 1933 zerstört ein Erdbeben in Südkalifornien Hunderte Gebäude. Die Behörden, wegen der Wirtschaftskrise geübt in der Speisung Bedürftiger, errichten schnell Zeltlager mit öffentlichen Suppenküchen

13 JAHRE NACH Inkrafttreten endet 1933 die Prohibition in den USA. Das landesweite Alkoholverbot hat nie wirklich funktioniert, dem Schwarzmarkt und der Organisierten Kriminalität Auftrieb gegeben *(Barbesucher in Chicago feiern die Aufhebung der Regelung)*

EMIGRATION Der verlorene Sohn

DER DEUTSCHE NOBELPREISTRÄGER Albert Einstein erreicht auf der Rückreise aus den USA im März 1933 den Hafen von Antwerpen *(Foto)*. Doch zwischenzeitlich hat er von den antijüdischen Kampagnen der Nationalsozialisten erfahren. Der gebürtige Ulmer entscheidet sich, nicht nach Deutschland zurückzukehren, wandert stattdessen dauerhaft aus – wie so viele andere jüdischstämmige deutsche Wissenschaftler auch

DIE ERSTEN abendfüllenden Tonfilme verdrängen Ende der 1920er Jahre den Stummfilm und revolutionieren das Medium. Im März 1933 kommt in den USA »King Kong« in die Kinos – und wird so erfolgreich, dass weitere Filme über Riesenaffen folgen

»DAS TESTAMENT DES DR. MABUSE« *(l.)* von Regisseur Fritz Lang erzählt die Geschichte eines mit hypnotischen Fähigkeiten ausgestatteten Kriminellen. NS-Propagandaminister Goebbels lässt den Film umgehend verbieten. »Sehr aufregend. Aber kann nicht freigegeben werden. Anleitung zum Verbrechen«, notiert er in seinem Tagebuch

VOR EINEM SELBSTPORTRÄT posiert die mexikanische Malerin Frida Kahlo 1933 für eine befreundete Fotografin. Ihre mitunter traumähnlichen Bilder machen sie für viele zur Surrealistin. Kahlo interessiert sich wenig für solche Einordnungen, lässt sich vor allem von der Volkskunst ihres Heimatlandes inspirieren

KUNST Zwischen Freiheit und Zensur

DER AMERIKANER MAN RAY ist der berühmteste Fotograf der surrealistischen Bewegung. 1933 lichtet er die schweizerische Künstlerin Meret Oppenheim hinter einer Druckerpresse ab – und beschwört so den Triumph der Sinnlichkeit über die Technik

Im Griff der Fanatiker

AM 1. APRIL 1933 postieren sich überall im Deutschen Reich SA- und SS-Männer vor Geschäften, deren Inhaber jüdisch sind. Die Aktion ist von der NS-Führung zentral gesteuert, die auch die Parole »Kauft nicht bei Juden« ausgegeben hat. Sechs Tage später erlassen die Nationalsozialisten ein Gesetz, nach dem »nichtarische« Beamte aus dem Staatsdienst ausgeschlossen werden

IN ETLICHEN DEUTSCHEN Universitätsstädten *(hier in Hamburg)* verbrennen Studierende und NS-Funktionäre im Mai 1933 Bücher angeblich »undeutscher« Autoren. Unter den verfemten Schriftstellern sind Heinrich Mann, Erich Maria Remarque, und Juden wie Kurt Tucholsky und Lion Feuchtwanger

IN EINEM SOMMERLAGER des »Jungvolks«, einer Organisation der »Hitler-Jugend« für zehn- bis 14-jährige Jungen, posiert ein Trommler mit seinem Instrument. In der HJ lernen Kinder den Korpsgeist, der sie zu willfährigen Befehlsempfängern des neuen Regimes machen soll

IM MÄRZ 1933 RICHTEN die Nationalsozialisten in der oberbayerischen Gemeinde Dachau ein Konzentrationslager ein. Hier brechen sie ihre politischen Gegner mit Prügel, Demütigungen, Sklavenarbeit – und schaffen so die Blaupause für das spätere mörderische KZ-System *(Häftlinge mit Straßenwalze im Lager)*

»ICH SETZE MIR DIE FRIST VON UM DEN MARXISMUS VOLLSTÄNDIG FÄHIG SEIN, EINE AKTIVE AUSSEN

REICHSKANZLER **ADOLF HITLER** AM 3. FEBRUAR 1933 IN EINER REDE VOR FÜHRENDEN REICHSWEHROFFIZIEREN

»Wir haben diese Maßnahme ohne jede Rücksicht auf kleinliche Bedenken getroffen in der Über-zeugung, damit zur Beruhigung der nationalen Bevölkerung und in ihrem Sinne zu handeln.«

HEINRICH HIMMLER AM 20. MÄRZ 1933
ÜBER DIE EINRICHTUNG DES KONZENTRATIONS-
LAGERS IN DACHAU

»WIR DEUTSCHEN SOZIALDEMOKRATEN BEKENNEN UNS IN DIESER GESCHICHT-LICHEN STUNDE FEIERLICH ZU DEN GRUNDSÄTZEN DER MENSCHLICHKEIT UND GERECHTIGKEIT, DER FREIHEIT UND DES SOZIALISMUS. KEIN ERMÄCH-TIGUNGSGESETZ GIBT IHNEN DIE MACHT, IDEEN, DIE EWIG UND UNZER-STÖRBAR SIND, ZU VERNICHTEN.«

OTTO WELS, VORSITZENDER DER SPD, BEGRÜNDET
AM 23. MÄRZ 1933 IM REICHSTAG, WARUM SEINE
FRAKTION ALS EINZIGE GESCHLOSSEN GEGEN DAS
ERMÄCHTIGUNGSGESETZ STIMMT

»IN DIESEN TAGEN NATIONALEN STOLZES UND DEUTSCHER BEFREIUNG MUSS JEDER VOLKS-GENOSSE DEN FÜHRER BEI DEN GROSSEN WAHLKUNDGEBUNGEN HÖREN. DARUM GEHÖRT NOCH HEUTE EIN VOLKSEMPFÄNGER IN DEIN HAUS!«

WERBUNG FÜR DEN 1933 BEI DER
10. GROSSEN DEUTSCHEN FUNK-AUSSTELLUNG
IN BERLIN VORGESTELLTEN
VOLKSEMPFÄNGER

»Ich vertraue darauf, dass die nun geschaffenen Beziehungen zwischen unseren Völkern für immer normal und freundschaftlich bleiben werden und dass unsere Nationen fortan zu ihrem beiderseitigen Nutzen und

SECHS BIS ACHT JAHREN,
ZU VERNICHTEN. DANN WIRD DAS HEER
POLITIK ZU FÜHREN.«

zur Erhaltung des Friedens in der Welt zusammenarbeiten.«

US-PRÄSIDENT **FRANKLIN D. ROOSEVELT** ANLÄSSLICH DER AUFNAHME DIPLOMATISCHER BEZIEHUNGEN MIT DER SOWJETUNION IM NOVEMBER 1933; AUS EINER NACHRICHT AN DEN VOLKSKOMMISSAR FÜR ÄUSSERE ANGELEGENHEITEN MAXIM LITWINOW

»ES GIBT NICHT WENIGER TRUNKEN-HEIT IN DER REPUBLIK, SONDERN MEHR. ES GIBT NICHT WENIGER VERBRECHEN, SONDERN MEHR. ES GIBT NICHT WENIGER IRRSINN, SONDERN MEHR. DIE KOSTEN DES STAATES SIND NICHT GERINGER, SONDERN WEITAUS HÖHER. DIE ACHTUNG VOR DEM GESETZ HAT NICHT ZU-, SONDERN ABGENOMMEN.«

DER US-AMERIKANISCHE PUBLIZIST **H. L. MENCKEN** ÜBER DAS ALKOHOLVERBOT IN SEINER HEIMAT, DAS 1933 AUFGEHOBEN WIRD

»In ein paar Monaten wird es in Leuchtschrift am Broadway stehen: Kong - das achte Weltwunder!«

ZEILE AUS DEM BAHNBRECHENDEN SPIELFILM »KING KONG«, DER 1933 IN DEN USA IN DIE KINOS KOMMT

IM NOVEMBER 1942 schließen Rotarmisten die deutsche 6. Armee in und vor der an der Wolga gelegenen Stadt Stalingrad ein – und bringen der Wehrmacht ihre bisher schwerste Niederlage im Zweiten Weltkrieg bei: Abertausende Männer erfrieren und verhungern in dem Kessel, bevor sich am 31. Januar 1943 die umzingelten Süd- und zwei Tage später die Nordtruppen ergeben. Gegen den ausdrücklichen Willen Adolf Hitlers, der eine Kapitulation zuvor verboten hat und auch nach Stalingrad im Osten weiterkämpfen lässt *(deutscher Soldat an der Ostfront, 1943)*

1943

KRIEGSWENDE

Es ist das Jahr, in dem der von Deutschland entfachte Weltenbrand mit voller Wucht auf seine Verursacher zurückfällt. In dem die deutsche 6. Armee im Kampf um das sowjetische Stalingrad untergeht, US-Truppen Europa erreichen und alliierte Flugzeuge Hamburg in Asche legen. Und in dem das Hitler-Regime auf die Rückschläge mit dem »totalen Krieg« antwortet – und etwa im besetzten Polen mit neuer Grausamkeit gegen Zivilisten vorgeht

BILDTEXTE: INSA BETHKE UND JOHANNES TESCHNER

STALINGRAD Verwüstung und Tod

NUR EIN GERIPPE aus Ruinen bleibt von Stalingrad, das die deutsche
Luftwaffe vor dem Einmarsch bombardiert hat. Der Blutzoll des Ringens
an der Wolga ist gewaltig: Nur etwa 10 000 Zivilisten überleben in den
Ruinen. Von den mehr als 250 000 eingekesselten Soldaten der deutschen
Seite sterben die meisten während der Kämpfe oder als Kriegsgefangene.
Die Rote Armee verliert im gesamten Verlauf der im August 1942
begonnenen Schlacht wohl fast 500 000 Kämpfer. Für die Sowjetunion ist
Stalingrad, wo ihre Truppen erstmals von Verteidigern zu Angreifern
geworden sind, dennoch ein Triumph – während die nationalsozialistische
Führung den Untergang der 6. Armee mit einer Legende bedeckt:
der eines heldenhaften Opfers für Deutschland

IM WARSCHAUER GHETTO verdichtet sich das Jahrtausendverbrechen der Deutschen gegen die europäischen Juden. Nach der Einnahme der polnischen Kapitale 1940 hat die Wehrmacht die vornehmlich jüdischen Quartiere vom Rest der Stadt isoliert. Das Leben im Ghetto ist geprägt von Mangel, Krankheiten und Unterdrückung. Am 19. April 1943 erheben sich die verzweifelten Bewohner gegen ihre Peiniger. Doch die Nationalsozialisten schlagen den Widerstand nieder – und deportieren die Überlebenden in Vernichtungslager *(während des Aufstands verhaftete Juden)*

WARSCHAU Aufstand im Vorhof zur Hölle

DAS DURCH MAUERN abgetrennte Ghetto ist nur etwas über drei Quadratkilometer groß, doch die Besatzer zwängen immer mehr Menschen in das Areal, bis Hunderttausende dort zusammengepfercht hausen. Den Davidstern muss jeder Jude über zwölf Jahren tragen *(ein Jugendlicher verteilt Armbinden mit dem Zeichen, rechts)*, und auch sonst ist das stigmatisierende Symbol allgegenwärtig

JE LÄNGER DIE BESATZUNG dauert, desto ausgemergelter sind die Bewohner des Ghettos. Denn die Lebensmittelrationen, die die Deutschen verteilen, decken nur ein Zehntel des täglichen Kalorienbedarfs. Etliche Menschen verhungern oder erliegen Krankheiten wie Fleckfieber, Typhus und Tuberkulose

VOR AUSGEWÄHLTEM PUBLIKUM
hält NS-Propagandaminister Joseph Goebbels am 18. Februar 1943 im Berliner Sportpalast seine berüchtigtste Rede. Auf seine Frage »Wollt ihr den totalen Krieg?« reagieren die Zuhörer mit Jubel und frenetischem Applaus. Goebbels' Auftritt soll die Moral der Deutschen nach der Niederlage von Stalingrad stärken, sie auf die Fortsetzung des Ostfeldzugs einstimmen – und dem Ausland Deutschlands ungebrochenen Kampfeswillen demonstrieren

Ein Land in Trümmern

NACH DER KRIEGSWENDE fällt die Gewalt immer stärker auf seine Urheber zurück. Im Juli 1943 fliegen britische und amerikanische Bomber über etliche Tage und Nächte Angriffe auf Hamburg, entladen Tausende Tonnen Spreng- und Brandbomben über dem Stadtgebiet *(Aufnahme aus einer Maschine der US Air Force)*

ZEHNTAUSENDE MENSCHEN sterben im von Brandbomben ausgelösten Feuersturm, weite Teile Hamburgs werden verwüstet. Die von den Alliierten »Operation Gomorrah« genannte Angriffswelle wird zum Auftakt des beispiellosen Bombenkriegs gegen das Deutsche Reich (*Hamburger Innenstadt nach den Luftangriffen*)

SOLDATEN DER ROYAL NAVY landen
im Juli 1943 an der Küste Siziliens.
Mit der Invasion beginnen britische
und US-amerikanische Truppen
ihren Angriff auf die »Festung
Europa«. Nach wochenlangen Kämpfen
räumen rund 100 000 deutsche
und italienische Soldaten die Insel.
Bald darauf setzen die Alliierten
auf Italiens Festland über und führen
ihre Offensive dort fort

ENDE NOVEMBER 1943 kommen die »Großen Drei« der Alliierten erstmals zu einer gemeinsamen Konferenz zusammen: In der iranischen Hauptstadt Teheran beraten Josef Stalin, Franklin D. Roosevelt und Winston Churchill *(v. l. n. r.)* über das weitere Vorgehen. Der Krieg in Europa ist zu diesem Zeitpunkt schon entschieden, die Niederlage Deutschlands nur noch eine Frage der Zeit. Und dennoch werden noch anderthalb verlustreiche Jahre bis zu Berlins Kapitulation vergehen

KONFERENZ VON TEHERAN Den Sieg vor Auge

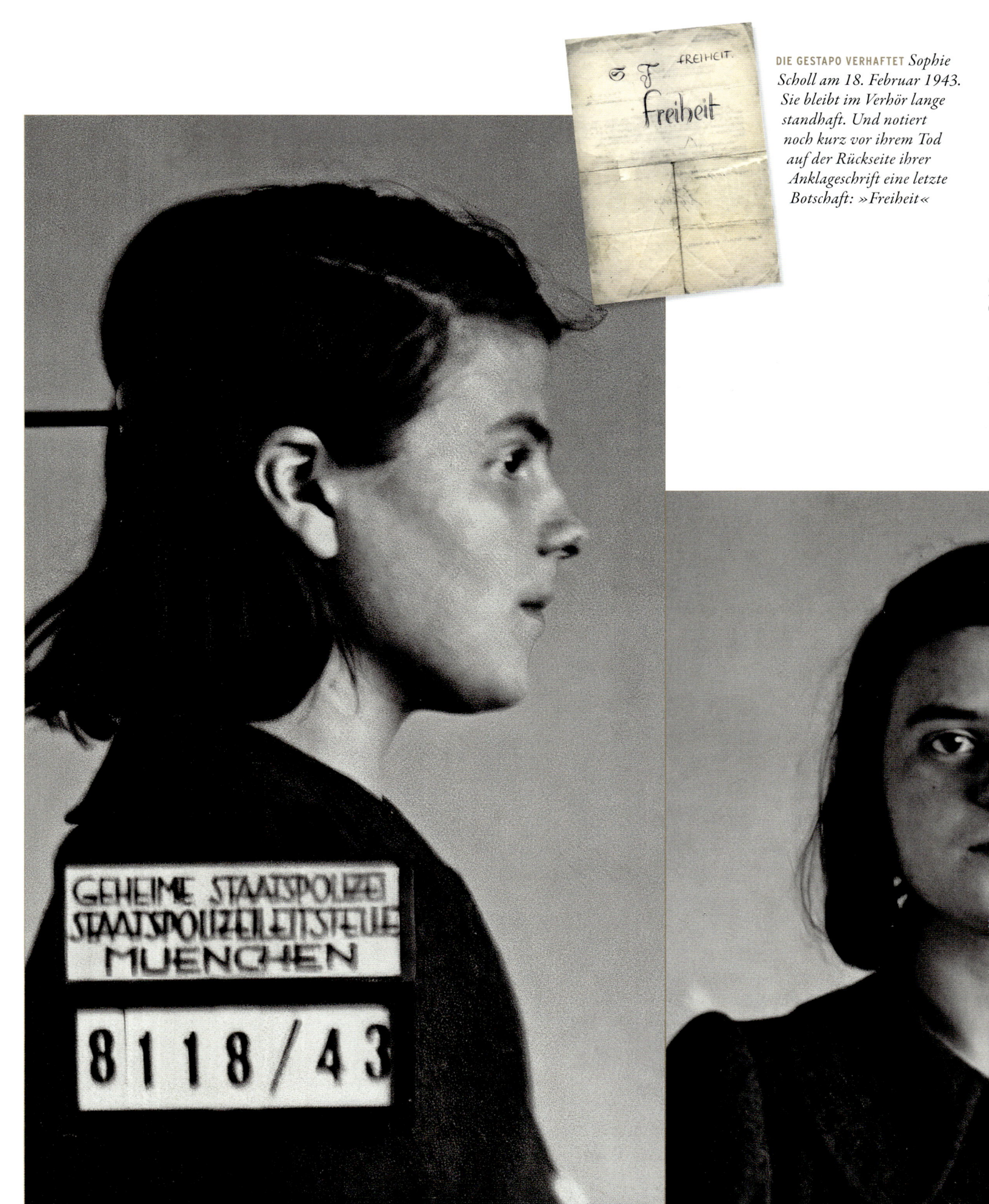

DIE GESTAPO VERHAFTET *Sophie Scholl am 18. Februar 1943. Sie bleibt im Verhör lange standhaft. Und notiert noch kurz vor ihrem Tod auf der Rückseite ihrer Anklageschrift eine letzte Botschaft: »Freiheit«*

GEHEIME STAATSPOLIZEI
STAATSPOLIZEILEITSTELLE
MUENCHEN

8118/43

IKONE
DES WIDERSTANDS

Am 22. Februar 1943 stirbt in München die Studentin Sophie Scholl unter einem
Fallbeil. Auch ihr Bruder und ein Freund werden an jenem Tag hingerichtet: Alle drei
gehörten der Gruppe »Weiße Rose« an, die mit Flugblättern zur Erhebung gegen
den Staat Adolf Hitlers aufgerufen hatte. Nach dem Zweiten Weltkrieg wird die im Alter
von 21 Jahren Getötete zum Gesicht des Widerstands gegen das nationalsozialistische
Unrechtsregime. Zu einem Mythos, hinter dem der Mensch Sophie Scholl
in all seinen Facetten fast verschwindet. Dies ist ihre Geschichte

TEXT: TANJA BEUTHIEN

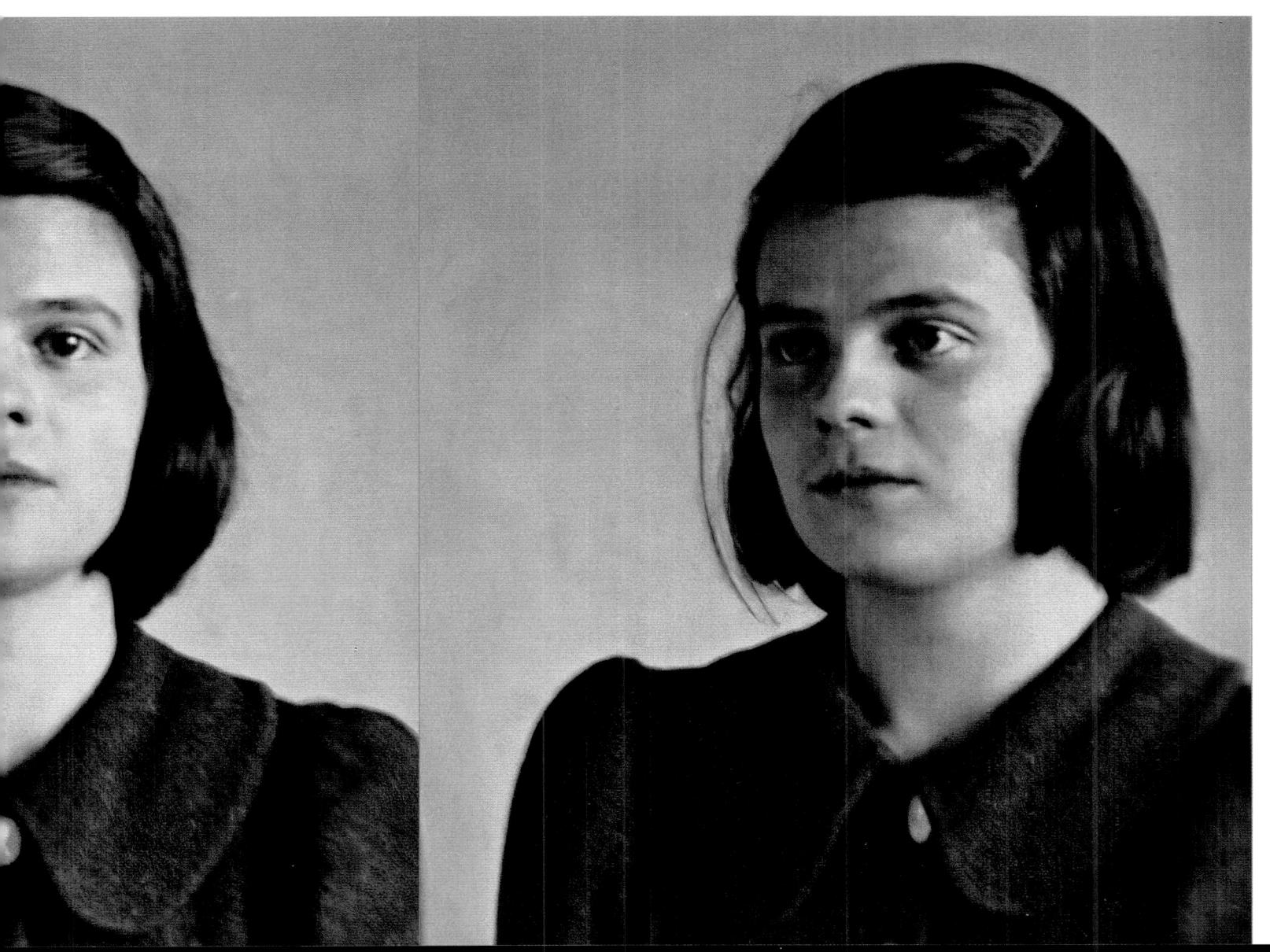

WINTERLICHT FÄLLT DURCH die Scheiben in das Hinterhaus der Franz-Joseph-Straße in München. Es ist Nachmittag, der 16. Februar 1943, als sich Sophie Scholl noch einmal an den Schreibtisch setzt, um an ihren Freund Fritz Hartnagel zu schreiben. Am Vormittag hat sie 50 versandfertige Flugblätter in ihre Aktentasche gepackt und zum Briefkasten getragen. „Erschüttert steht unser Volk vor dem Untergang der Männer von Stalingrad", heißt es in dem Aufruf. „Im Namen der ganzen deutschen Jugend fordern wir von dem Staat Adolf Hitlers die persönliche Freiheit, das kostbarste Gut der Deutschen, zurück."

Nichts davon erwähnt Sophie in ihrem Brief an Fritz, der gerade erst dem Kessel von Stalingrad entkommen ist und mit Erfrierungen im Lazarett liegt. „Gestern habe ich einen wunderschönen blühenden Stock gekauft, er steht vor mir auf dem Schreibtisch am hellen Fenster, seine graziösen Ranken, über und über mit zarten lila Blüten besetzt, schweben vor und über mir", schreibt sie stattdessen. „Er ist meinen Augen und meinem Herzen eine rechte Freude, und ich wünschte mir nur, dass Du kommst, bevor er verblüht ist. Wann wirst Du kommen?"

Als Fritz Hartnagel sechs Tage später den Brief im Lazarett in Lwiw (deutsch Lemberg) öffnet, fallen ihm zarte, lilarote Blütenblätter in den Schoss. „Vielleicht können wir bald zusammen irgendwo anfangen!", liest er.

Noch am selben Tag ist Sophie Scholl tot.

Um 17 Uhr geht sie am 22. Februar über den Hof in einen kahlen Raum im Gefängnis München-Stadelheim. Die Guillotine ist hinter einem schwarzen Vorhang verborgen. Die 21-Jährige legt sich auf die glatte, schwere Holzpritsche – ihr Tod ist eine Sache von Sekunden. Henker Johann Reichhart und seine Gehilfen packen ihren Kopf und Körper in einen bereitstehenden Sarg. Um 17.02 Uhr wird ihr Bruder Hans Scholl auf dieselbe Weise hingerichtet. Um 17.05 Uhr der gemeinsame Freund Christoph Probst.

Fritz Hartnagel antwortet Sophie umgehend, noch am selben Tag: „Diese Vorfreude rankt um mich und macht mich frohen Herzens, wie dein üppig blühender Blumenstock, der dich entzückt."

Der 26-jährige Offizier weiß nicht, dass sich Sophie in den vergangenen Wochen der Widerstandsgruppe „Weiße Rose" um ihren Bruder Hans angeschlossen hat. Dass sie Flugblätter gegen das Regime der Nationalsozialisten gedruckt, verschickt und verteilt hat. Dass sie gefangen genommen, verhört und in einem Blitzprozess verurteilt worden ist. Und dass dies der Tag ihrer Hinrichtung ist.

Für den ahnungslosen Freund ist sie Vertraute und Geliebte, intellektuelle Gesprächspartnerin und romantische Naturfreundin, die sich in all den Grausamkeiten des Krieges noch für die Schönheit eines blühenden Strauches begeistern kann. Für die Nachwelt aber ist sie eine Ikone des Widerstandes, das Gesicht des anderen Deutschlands während der Zeit des Nationalsozialismus. Eine heroische Figur, selbstlos, unbeirrt, eine Heilige fast, die gewaltlos gegen ein Unrechtsregime aufbegehrte. Die anklagen wollte und aufrütteln, die ihre Stimme erhob gegen Ungerechtigkeit und Krieg.

Tatsächlich ist in Sophie Scholls Biografie, ihren Briefen und Tagebucheindrücken eine faszinierend widersprüchliche Persönlichkeit zu entdecken, die mit sich, mit ihrem Glauben und dem Zeitgeschehen hadert und ringt. Die zweifelt, bohrt und widerspricht, sich selbst und anderen nichts schenkt. Und sich doch zum Handeln ermutigt. Im November 1942 schreibt sie an einen Freund: „Habe ich geträumt bisher? Manchmal vielleicht. Aber ich glaube, ich bin aufgewacht."

Es ist ein spätes und ein bitteres Erwachen für Sophie Scholl, die ihre Kindheit und Jugend in träumerischer Naturverbundenheit verbracht hat. Ihr Vater ist zunächst Bürgermeister in Forchtenberg, einem 1300-Seelen-Ort in der Nähe von Heilbronn. Dort wird Lina Sofie, die sich zwei Jahrzehnte später nur Sophie nennt, am 9. Mai 1921 geboren, als viertes von sechs Kindern. Ihre Mutter Magdalena Scholl, kurz Lina, eine ehemalige Diakonisse, ist ganz dem protestantischen Glauben verpflichtet. Der Vater, Robert Scholl, gilt als ein aufgeschlossener und pazifistisch gestimmter Mann, der die demokratische „Frankfurter Zeitung" liest.

Der Familienverband ist eng, die Kinder toben in den Weinbergen und den Obstwiesen herum, verstecken sich in der Burgruine des Ortes oder schwimmen im Stauwehr am Fluss Kocher. Sophie sucht mit ihren Geschwistern Ostereier im verwilderten Garten des befreundeten Pfarrers, spielt Hochzeit, begeht das Erntedankfest mit Kartoffelfeuer und feiert die Advents- und Weihnachtszeit mit Kerzen und Kirchgang. Sie ist fröhlich und unbeschwert und gilt als „Mutters Sonnenschein", wie sich ihre ältere Schwester Inge erinnert.

Nach einer Zwischenstation in Ludwigsburg ziehen die Scholls im Frühjahr 1932 nach Ulm, wo der Vater eine Stelle als Wirtschaftsprüfer und Steuerberater annimmt. Die Stadt ist eine Hochburg der NSDAP, die inzwischen deutschlandweit zur stärksten Partei geworden ist. Die Zeichen der neuen Zeit können die Geschwister von einem Fenster der großen, von einem jüdischen Kaufmann gemieteten Wohnung in der Olgastraße 81 aus beobachten, die sie im September 1933 beziehen. SA- und SS-Trupps ziehen zu jeder Gelegenheit in langen Reihen durch die Straße, die ab 1937 Adolf-Hitler-Ring

MIT 16 JAHREN *lernt Sophie ihren Freund Fritz Hartnagel kennen. Er kämpft später als Offizier in Stalingrad*

heißen wird, mit Fackeln und Fahnen im Gleichschritt. Die Kinder sind, wie so viele andere, fasziniert.

Die ältesten, Inge und Hans, treten gegen den heftigen Widerstand ihres Vaters kurz darauf in die Hitler-Jugend ein. Am 20. April 1934, an Hitlers Geburtstag, spricht Sophie mit knapp 13 Jahren ihr Gelöbnis für die Jungmädelschaft und ist damit offiziell in die Jugendorganisation der Nationalsozialisten aufgenommen, in deren weiblichen Zweig, den Bund Deutscher Mädel (BDM). Auf eigenen Wunsch. Und wahrscheinlich nach ebenfalls erbitterten Kämpfen.

Sophie ist zu dieser Zeit jungenhaft, ausgelassen und „sehr lustig", wie sich die Pfarrerstochter Susanne Hirzel später erinnert, außerdem von einer „göttlichen Schlamperei". Ihre braunen, glatten Haare trägt sie kurz – und meistens ungekämmt. Mit ihrer Freundin schwimmt Sophie durch die Pfeiler der großen Ulmer Donaubrücke, dort, wo die Wellen am höchsten sind, und sie klettert bis hinauf in die Tannenwipfel. Sie brennt für die Fahrten der Hitler-Jugend mit Zelten und Lagerfeuer unterm Sternenhimmel, für

DIE WEISSE ROSE entsteht 1942 im Freundeskreis um Hans Scholl (links; rechts Christoph Probst). Sophie weiß wohl bereits von den Aktivitäten der Widerstandsgruppe, als sie ihren Bruder und Alexander Schmorell (unteres Bild, ganz rechts) im Juli zu einem Fronteinsatz verabschiedet (Fotos rechts und unten) – ist aber noch nicht selbst darin involviert

Volkstänze, Lieder und wilde Geländespiele in der Gemeinschaft. Sie unterzeichnet ihre Briefe mit „deutschem Gruß".

Und ab 1935 marschiert sie sogar voran, als Gruppenleiterin. Ihr Gerechtigkeitssinn ist bekannt. Und gefürchtet: Mitgebrachte Wurstbrote werden unter allen aufgeteilt. Auch in der Schule versucht Sophie, für andere einzutreten. Als sie erfährt, dass zwei jüdische Mitschülerinnen nicht in den BDM eintreten dürfen, gründet sie, wie sich eine der beiden später erinnert, im Privaten einen eigenen „Klub": Bei Scholls zu Hause häkeln sich die Mädchen kleine Mützen aus bunten Farben und demonstrieren so ihre Zusammengehörigkeit. Nach vier Wochen werden ihnen die Treffen und

Mützen verboten, ein Jahr später müssen alle jüdischen Kinder die Schule verlassen. Sophie steigt im Mai 1936 zur Scharführerin auf; die menschenverachtende Doktrin der Nationalsozialisten scheint ihr in all der Gruppenseligkeit und Lagerfeuerromantik nicht aufzufallen. Und 1937 lässt sie sich konfirmieren: in der Uniform der Hitler-Jugend.

Bei ihrem älteren Bruder Hans zeigt die Faszination für den Nationalsozialismus da bereits Risse. 1936 wird er als Fähnleinführer abgesetzt, weil er sich weigert, die selbst gestaltete Fahne seiner Gruppe durch eine Hakenkreuzflagge

zu ersetzen, Ende des darauffolgenden Jahres wegen sogenannter „bündischer Umtriebe" kurzzeitig verhaftet: Hans Scholl diskutiert mit seinen Freunden über Philosophie und Kunst, liest Texte des von den Nationalsozialisten verbotenen Schriftstellers Stefan Zweig. Außerdem wird ihm „Unzucht" mit einem seiner jüngeren Freunde vorgeworfen, mit dem er tatsächlich eine Liebesbeziehung unterhält. Nur knapp entgeht er einer Gefängnisstrafe. Im März 1938 schreibt er in einem Brief an die Eltern nach dem „Anschluss" Österreichs: „Ich verstehe die Menschen nicht mehr. Wenn ich durch den Rundfunk diese namenlose Begeisterung höre, möchte ich hinausgehen auf eine große, einsame Ebene und dort allein sein."

In dieser Zeit wird auch Sophie als Gruppenführerin abgesetzt, weil sie mit ihren Freundinnen die Fahnen nicht mit Hakenkreuzen, sondern mit aufgenähten Runen verziert hat. Trotzdem wird sie noch bis 1941 zu den BDM-Treffen gehen. Auch wenn sie, wie sie später im Verhör kurz vor ihrem Tod sagen wird, die „letzten zwei Jahre mit dem Herzen nicht mehr bei der Sache" gewesen sei.

IM WINTER 1937 lernt sie bei einem Tanzabend den 20-jährigen Offizieranwärter Fritz Hartnagel kennen. Gut 400 Briefe zwischen den beiden sind erhalten geblieben. Aus Sophies Zeilen spricht Sehnsucht und Schwärmerei, Liebe und immer wieder Zweifel. Sie fühle sich „noch zu jung" für eine Beziehung, schreibt Sophie ihm im Sommer 1938. Und an eine Kindheitsfreundin: „Ich glaube, ich muss immer in Ungewissheit, immer hungrig sein, wenn ich etwas lieben soll. Und sehne mich doch nach Gewissheit." Häufig geraten sie über Fritzens Soldatenberuf und das Kriegshandwerk in Streit. „Ich kann es nicht begreifen, dass nun dauernd Menschen in Lebensgefahr gebracht werden von anderen Menschen", notiert sie in einem Brief, als mit dem deutschen Überfall auf Polen am 1. September 1939 der Zweite Weltkrieg beginnt. „Ich kann es nie begreifen und ich finde es entsetzlich. Sag nicht, es ist für's Vaterland." Ihren Freunden, die in den Krieg ziehen, nimmt sie wohl das Versprechen ab, nicht auf andere zu schießen.

Sie selbst beginnt im Frühjahr 1940 eine Ausbildung zur Kindergärtnerin, kommt in Kontakt mit den reformpädagogischen Ideen von Friedrich Fröbel, Maria Montessori und Johann Heinrich Pestalozzi. Die Kleinen liebt sie, mit ihren Kolleginnen kann sich Sophie allerdings nicht anfreunden. Wenn diese sich zu Hitlerreden um das Radio versammeln, greift sie demonstrativ zu

einem Buch. Ihr Rückhalt bleiben ihr Zuhause und ihre Familie, für die Robert Scholl verbotenerweise ein Kurzwellenradio angeschafft hat, um den Überfall auf die Beneluxländer und den Einmarsch in Frankreich über die „Feindsender" zu verfolgen.

Als Sophie 1941 ihren Reichsarbeitsdienst nahe Ulm in einem Zivilarbeitslager ableisten muss, in dem die Jugendlichen, wie Hitler es formuliert, für „sechs oder sieben Monate geschliffen" werden, ist auch ihre Euphorie für das nationalsozialistische Gemeinschaftsleben dahin. Die jungen Frauen müssen blaue Kittelkleider und weiße Schürzen tragen, der Tag gliedert sich in Frühsport, Fahnenappell, Küchen- und Gartendienst. Am Abend gibt es nationalsozialistische Unterweisungen. „Wir leben sozusagen wie Gefangene, da nicht nur die Arbeit, sondern auch Freizeit zu Dienst wird", schreibt sie an ihre Schwester Inge. Und an ihre Freundin Lisa Rempis, sie sei „entsetzt, unter annähernd 80 Menschen nicht einen zu finden, der etwas Kultur hätte". Ein paar Tage später äußert sie: „Man muss sich in Acht nehmen vor dieser großen Masse. Sie hat in manchen Dingen unheimliche Anziehungskraft."

Als Zeichen der Opposition stiehlt sie sich heimlich zum Rauchen davon. Ernst und in sich gekehrt ist Sophie Scholl nun häufig. Sie panzert sich gegen den aufgezwungenen Gleichschritt, legt sich ein „dickes Fell" zu, wie sie ihrem Bruder Hans schreibt. „Man sollte einen harten Geist und ein weiches Herz haben", ist jetzt ihre Losung. Das Zitat des französischen Philosophen Jacques Maritain hat Otl Aicher, Inges Freund, ihr, den Geschwistern und weiteren Freunden aus Ulm ans Herz gelegt. Aicher versorgt sie auch mit Lektüreempfehlungen. Und so flieht Sophie in die Literatur, liest etwa Thomas Manns „Zauberberg". Und intensiv jeden Abend die „Bekenntnisse" des Kirchenvaters Augustinus. Denn der christliche Glaube wird für sie mehr und mehr zum Anker. Sie strebt nach einer seelischen Vereinigung mit Gott – und hadert gleichzeitig mit Sexualität und körperlicher Nähe, was sie Fritz in ihren Briefen immer wieder wissen lässt.

AB 1932 LEBT DIE CHRISTLICH *geprägte Familie in Ulm, einer Hochburg der NSDAP. Sophie (unten rechts) ist wie Hans von den Nationalsozialisten zunächst fasziniert und wird gegen den Widerstand ihres Vaters Mitglied im »Bund Deutscher Mädel«*

Im Frühjahr 1942 erhält Fritz Hartnagel den Auftrag, in Frankreich eine Kompanie aufzustellen, die nach Russland verlegt werden soll. Von seiner einstigen Kriegsbegeisterung ist schon lange nichts mehr übrig. „Ach Sofie, wie soll das nur werden, mir ist angst und bang", schreibt er an seine Freundin, die Anfang Mai zum Studium nach München zieht. Im neuen, schokoladenfarbenen Faltenrock und „rosa frühlingsfarbenen Pullover", wie Inge Scholl sich später erinnert, bricht Sophie auf. Sie trägt die Haare jetzt länger, seitlich gescheitelt – und gekämmt. Sie bezieht ihr erstes eigenes Zimmer, in der Nähe des Englischen Gartens. Und sie taucht ein in den Freundeskreis ihres Bruders Hans, der in München Medizin studiert, verliebt sich, trotz ihrer Bindung an Fritz, in dessen Kommilitonen, den gut aussehenden und künstlerisch begabten Medizinstudenten Alexander Schmorell, der ihre Gefühle aber nicht erwidert. Und lernt auch den freundlichen Christoph Probst kennen, ebenfalls ein Freund ihres Bruders, der mit seiner Frau Herta zu dieser Zeit schon zwei kleine Kinder hat.

An der Ludwig-Maximilians-Universität ist Sophie eingeschrieben für Biologie und Philosophie, aber sie besucht nur wenige Vorlesungen. Stattdessen genießt sie ihr Leben, geht in Konzerte und zu Lesungen, fährt in die Berge zum Wandern und an die Seen zum Segeln. Und wird doch häufig von Schwermut gepackt. Sie sehnt sich nach intensiven Gefühlen und einer Nähe zu Gott, doch ihr naiver Kindheitsglaube ist dahin. Ihrem Tagebuch vertraut sie ihre Qualen an: Sie würde „lieber unerträglichen Schmerz" erleiden, schreibt sie, als weiterhin die Leere in ihrem Inneren zu ertragen.

Mit ihrem Bruder und seinen Freunden spricht sie in diesem Sommer nicht nur über theologische Fragen, sondern zunehmend auch über die Gräuel des Krieges. Fritz berichtet ihr in seinen Briefen von der Ostfront und mit welcher „Kaltschnäuzigkeit" sein Kommandeur „von der Abschlachtung sämtlicher Juden des besetzten Russlands erzählt hat und dabei von der Gerechtigkeit dieser Handlungsweise vollkommen überzeugt ist". Sophie weiß von ähnlichen Verbrechen in Polen, die Familie Scholl hat über eine Bekannte erfahren, dass Behinderte in Pflegeheimen umgebracht werden. Und Sophie sieht, dass die Bevölkerung systematisch belogen wird.

ALS IHR IM JUNI 1942 Traute Lafrenz, die Freundin ihres Bruders, während einer Vorlesungspause ein Flugblatt in die Hand drückt, liest sie dort Worte, die ihr aus dem Herzen sprechen. Der Text ist mit „Flugblätter der Weißen Rose IV" überschrieben. Er zählt die vielen Gefallenen des Krieges auf: „Hitler aber belügt die, deren teuerstes Gut er geraubt und in den Tod getrieben hat", steht da. „Sein Mund ist der stinkende Rachen der Hölle und seine Macht ist im Grund verworfen." Und er appelliert an das christliche Gewissen der Deutschen und den Zusammenhalt der geistigen und kulturellen Elite des Landes.

Verfasst haben den Text, wie zuvor drei andere Flugblätter, Hans Scholl und Alexander Schmorell in dessen elterlicher Villa. Sie rufen in ihren Schriften auf zum „Widerstand" gegen die gottlose „Kriegsmaschine", prangern den Massenmord an „dreihunderttausend Juden" seit der Eroberung Polens an, sie appellieren an die Menschlichkeit und die Intelligenz der Deutschen, zitieren Novalis, Schiller, Goethe und immer wieder die Bibel. Unter den etwa 100 Empfängern der

per Post versandten Flugblätter sind nicht nur Freunde, sondern auch Münchner Ärzte, Schriftsteller, Gastwirte und Buchhändler. Die Adressen haben sie aus dem Telefonbuch abgeschrieben.

Ihr Ziel ist es, eine breite Oppositionsbewegung anzustoßen, die Bevölkerung aufzurütteln. Den Namen „Weiße Rose", gibt Hans später im Verhör an, habe er „willkürlich" gewählt, vielleicht beeinflusst von Romanzen des Dichters Clemens Brentano mit einer Protagonistin namens Rosablanka. Sophie wird nach ihrer Verhaftung angeben, das vierte Flugblatt der Weißen Rose sei das erste gewesen, dass sie je zu Gesicht bekommen habe – angeblich ohne zu ahnen, wer dahintersteckte. Wahrscheinlich aber ist, dass sie von den Aktivitäten ihres Bruders Hans und seines Freundes Alexander Schmorell zumindest weiß. Denn nur wenige Wochen vor der Veröffentlichung des vierten Flugblattes hat sie Fritz um 1000 Reichsmark „für einen guten Zweck" gebeten und darum, ihr einen Bezugsschein für einen Vervielfältigungsapparat von seiner Kompanie abstempeln zu lassen. Fritz Hartnagel erinnert sich später daran, dass er sie gefragt habe, ob sie sich im Klaren darüber sei, dass dies sie „den Kopf kosten" könne. Und sie habe ernsthaft geantwortet: „Ja, darüber bin ich mir im Klaren."

Im Hochsommer trennt sich der Münchner Freundeskreis: Hans Scholl und Alexander Schmorell werden als Hilfsärzte für drei Monate zu einer Art Praktikum im Feld an die Ostfront geschickt. Am 23. Juli begleitet Sophie ihren Bruder und seine Kameraden zum Bahnhof, auch Christoph Probst kommt dazu. Der junge Familienvater war, um ihn zu schützen, in die Flugblattherstellung bisher nicht direkt involviert.

EINE IMMATRIKULATIONSKARTE *von
Sophie Scholl, die sich in München
für Biologie und Philosophie
einschreibt. Doch sie lässt das
Studium schleifen, beschäftigt sich
stattdessen mit theologischen
Fragen und dem grausamen
Kriegsgeschehen – und genießt
zugleich das Leben in Stadt
und Natur*

Die Fotos dieses Abschieds sind berühmt geworden: Sie zeigen Sophie Scholl mit sorgenvoll gefurchter Stirn und einer Margerite am Kleid zwischen Hans und Christoph Probst. Und lachend mit den anderen am Zaun des Münchner Ostbahnhofes: ein letzter Schnappschuss, der ihre Verbundenheit bezeugt. Und ihre Einigkeit im Denken.

Denn spätestens jetzt ist Sophie entschlossen, ebenfalls in den Widerstand zu gehen. Sie fühlt eine moralische und ethische Verpflichtung, einen religiösen Anspruch, das Gute zu tun. Zu ihrer Freundin Susanne Hirzel sagt sie Ende 1942, sie wolle nicht durch Untätigkeit schuldig werden: „Wenn jetzt Hitler daherkäme und ich eine Pistole hätte, würde ich ihn erschießen. Wenn es die Männer nicht machen, muss es eben eine Frau tun."

Ende November ist der Bruder zurück, gemeinsam bewohnen die Geschwister Scholl nun eine Wohnung in der Franz-Joseph-Straße 13 in Schwabing, eine knappe Viertelstunde von der Universität entfernt. Hier, im ersten Stock des beschaulichen Hinterhauses, arbeitet Hans mit Schmorell rund um die Uhr am fünften Flugblatt. Sie tippen den Text beidseitig auf einer Schreibmaschine und kopieren ihn mit einem neu angeschafften Vervielfältigungsgerät zwischen 6000 und 9000 Mal. Zwei neue Mitstreiter sind hinzugekommen: der Rheinländer Willi Graf, mit dem die Männer gemeinsam im Fronteinsatz waren; und ein Professor von der Ludwig-Maximilians-Universität, Kurt Huber. Sophie ist zwar in die Formulierung des Textes nicht eingebunden, aber sie führt die Kasse, besorgt Papier, Umschläge, Briefmarken, hilft beim Falten, Verschicken, Adressen schreiben.

Das neue Flugblatt erreicht Ende Januar 1943 nicht nur Münchner Bürger, sondern per Post und persönliche Verteilung auch Menschen in anderen deutschen und österreichischen Städten. Unter der Überschrift „Aufruf an alle Deutsche!" heißt es darin: „Hitler kann den Krieg nicht gewinnen, nur noch verlängern."

Sophie ist in diesen Tagen extrem angespannt, fahrig und erschöpft, schwankt zwischen Traurigkeit und Tatendrang, zwischen Euphorie und depressiver Verstimmung. Sie ist Tag und Nacht auf den Beinen, legt auf eigene Faust Flugblätter in der Innenstadt aus, obwohl ihr Bruder versucht, seine Schwester aus gefährlichen Aktivitäten möglichst herauszuhalten. Andererseits spritzt er ihr und sich selbst inzwischen Aufputschmittel, um wach zu bleiben. „Man kann ja nicht

anders als sich freuen und lachen, so wenig man unbewegten oder traurigen Herzens die Frühlingswolken am Himmel und die vom Wind bewegten knospenden Zweige in der glänzenden jungen Sonne sich wiegen sehen kann", schreibt Sophie an eine Freundin. „Oh ich freue mich wieder so sehr auf den Frühling."

Anfang Februar verkündet der Großdeutsche Rundfunk den Untergang der 6. Armee in Stalingrad. Und den „Heldentod" der dort eingekesselten Soldaten. Fritz Hartnagel wird mit schweren Erfrierungen an Händen und Füßen in ein Lazarett nach Lemberg gebracht. Das Grauen von

NACH DER RÜCKKEHR von der Ostfront im November 1942 erstellen Hans Scholl und dessen Freunde (Foto unten: Christoph Probst, links, und Alexander Schmorell) weitere Flugblätter. Auch Sophie hilft nun mit – und der Universitätsprofessor Kurt Huber (Foto links)

MARMORNE DUPLIKATE *von Flugblättern der Weißen Rose und anderen Dokumenten im Boden vor der Ludwig-Maximilians-Universität gemahnen daran, was dort am 18. Februar 1943 geschah: Bei der Verteilaktion mit Hans stößt Sophie Scholl einen Stapel Flugblätter von oben in den Lichthof – und erregt so den Argwohn eines Hörsaaldieners, der die Gestapo alarmiert*

Stalingrad veranlasst die Freunde zu einem sechsten Flugblatt, zu dem Kurt Huber den Entwurf schreibt. Es richtet sich speziell an die Münchner Studentenschaft. Sophie hilft wieder mit, die Adressen – diesmal aus einem veralteten Studentenverzeichnis – auf die Umschläge zu tippen und die Abzüge zu versenden. Und schickt am 16. Februar einen hoffnungsfrohen, mit Blumen versehenen Brief an ihren Freund Fritz ins Lazarett. Es wird ihr letzter sein.

ZWEI TAGE SPÄTER steht Sophie Scholl gegen neun Uhr auf und kocht einen Tee für sich und Hans. Ihr Bruder plant inzwischen, Flugblätter in der Universität auszulegen und nicht mehr nur mit der Post zu verschicken – er hat mit Alexander Schmorell und Willi Graf bereits darüber gesprochen. Jetzt scheint ihm der geeignete Zeitpunkt, denn rund 1500 Abzüge des neuen Flugblattes sind nach dem Versand noch übrig.

Sophie beschließt mitzugehen, ihren Bruder nicht allein zu lassen. Bisher haben die Studenten sie bei besonders riskanten Aktionen, wie dem nächtlichen Anbringen von Widerstandsparolen in der Münchner Innenstadt, außen vorgelassen, sie ist allenfalls heimlich aktiv geworden. Aber diesmal setzt sie sich durch.

Gegen 10.30 Uhr verlässt sie mit Hans das Haus. Die beiden laufen die Franz-Joseph-Straße ein kurzes Stück hinunter und biegen rechts in die Leopoldstraße ab. Die Flugblätter holen sie dort wohl aus dem Versteck im Atelier eines befreundeten Architekten, wie der Historiker Hans Günter Hockerts vermutet, der den verhängnisvollen Tag minutiös rekonstruiert hat. Etwa 20 Minuten später, gegen 10.50 Uhr, betreten die Geschwister Scholl mit einem schweren Koffer und einer Aktentasche in der Hand den Haupteingang der Ludwig-Maximilians-Universität. Sie haben wenige Minuten Zeit, bis die ersten Vorlesungen des Tages zu Ende gehen und die Studenten auf die Flure strömen.

In fliegender Hast beginnen Hans und Sophie, überall im überkuppelten, mehrstöckigen Lichthof der Universität Flugblätter auszulegen. Kurz darauf erreichen sie den Hinterausgang des Gebäudes. Doch es sind längst nicht alle Exemplare verteilt. Spontan drehen sie noch einmal um und eilen die Treppen hoch. Und in einem Moment des „Übermutes" – oder der „Dummheit", wie Sophie später zu Protokoll gibt, wischt sie einen ganzen Packen von der Brüstung im zweiten Stock. Die Zettel flattern hinunter: ein Fanal der Freiheit – und der Unvernunft. Denn den Blätterregen beobachtet der Hörsaaldiener Jakob Schmid, der sofort die Treppen hinaufeilt und die beiden festhält: Hans und Sophie

KEINE VIER STUNDEN *dauert der Prozess, mit dem Roland Freisler, berüchtigter Präsident des Volksgerichtshofs (Bildmitte, bei einem Verfahren in Berlin), am 22. Februar 1943 drei junge Leben vernichtet: Er spricht über Sophie und Hans Scholl sowie ihren Mitstreiter Christoph Probst das Todesurteil*

mit der Aussage ihres Bruders konfrontiert. „Ich bin nach wie vor der Meinung, das Beste getan zu haben, was ich gerade jetzt für mein Volk tun konnte", sagt sie in ihrem Geständnis. „Ich bereue deshalb meine Handlungsweise nicht."

Am 22. Februar 1943 wird um neun Uhr früh im Münchner Justizpalast das Verfahren gegen Hans und Sophie Scholl und ihren inzwischen ebenfalls gefangen genommenen Freund Christoph Probst eröffnet. Die Angeklagten kommen kaum zu Wort – der berüchtigte Richter Roland Freisler, Präsident des Volksgerichtshofs, schreit und brüllt durchgehend. Nur Sophie gelingt es, etwas zu sagen: „Was wir schrieben und sagten, das denken Sie alle ja auch, nur haben Sie nicht den Mut, es auszusprechen." Nach dreieinhalb Stunden Prozess und einer Beratungspause verkündet Freisler das Urteil: Todesstrafe wegen „landesverräterischer Feindbegünstigung, Vorbereitung zum Hochverrat und Wehrkraftzersetzung".

Ein letztes Mal sehen die Geschwister am Nachmittag ihre Eltern im Gefängnis Stadelheim. Lina Scholl überreicht ihrer Tochter Kekse, die sie am Vorabend für sie gebacken hat. Die Gefängniswärter berichten später, sie hätten den drei zum Tode Verurteilten erlaubt, noch gemeinsam eine letzte Zigarette im Hof zu rauchen. Um 17 Uhr wird Sophie Scholl in den Hinrichtungsraum geführt, um 18.50 Uhr meldet Reichsanwalt Albert Weyersberg in einem Telegramm von München nach Berlin: „Heute ohne Zwischenfall verlaufen".

Sophie habe einen richtigen „Glanz" in den Augen gehabt, schreibt ihre Mutter am Tag darauf an Fritz Hartnagel, der noch nichts von der Hinrichtung seiner Freundin weiß. „Sie ließ gar nichts mehr an sich herankommen, sie hatte wohl in diesen Tagen alles niedergekämpft."

Die Beerdigung von Sophie Scholl, ihrem Bruder Hans und Christoph Probst findet nur mit den engsten Familienangehörigen am 24. Februar auf dem Friedhof am Perlacher Forst statt, ganz in der Nähe der Hinrichtungsstätte. Freunde sind nicht zugelassen. Nur Traute Lafrenz setzt sich

sind in diesem Moment die Einzigen weit und breit auf der Galerie. Den leeren Koffer hält Sophie noch in der Hand.

Schmid führt die Geschwister, die zwar protestieren, aber sich nicht wehren, zunächst in ein Dienstzimmer im ersten Obergeschoss, von dort werden die beiden in verschiedene Räume gebracht. Sophie schafft es, den Atelierschlüssel zu ihrem Versteck in einem Polster zu verbergen. Doch Hans trägt in seiner Manteltasche noch immer einen handschriftlichen Entwurf für das nächste Flugblatt bei sich. Er stammt ausgerechnet von Christoph Probst, der erstmals, unter dem Eindruck von Stalingrad, an einer Widerstandsschrift mitgewirkt hat. Hans gelingt es nicht, das Papier zu entsorgen.

Gegen 11.15 Uhr trifft die Gestapo an der Universität ein und führt die Geschwister an der inzwischen aufgelaufenen Menschenmenge vorbei ab. Vier Stunden später sitzen Hans und Sophie in der Gestapo-Zentrale im nahe gelegenen Wittelsbacher Palais im getrennten Verhör. Sophie gibt offen ihre Abneigung gegen das NS-System preis. Doch sie leugnen beide rund zwölf Stunden lang, etwas mit den Flugblättern zu tun zu haben. Bis etwa vier Uhr früh halten sie durch, präsentieren eine ausgeklügelte Geschichte. Dann verwickelt sich Hans in Widersprüche. Sophie gibt die Aktion schließlich zu, als man sie

LITERATUR

Die Historikerin MAREN GOTTSCHALK hat 2020 eine einfühlsame und sorgfältig recherchierte Biografie Sophie Scholls vorgelegt: *»Wie schwer ein Menschenleben wiegt«* (C. H. Beck)

über diese Anordnung hinweg. Am selben Tag wird Alexander Schmorell gefasst und am 19. April zusammen mit Kurt Huber und Willi Graf ebenfalls zum Tode verurteilt. Sophies Eltern sowie ihre Schwestern Inge und Elisabeth werden kurz darauf in Sippenhaft genommen, im Ulmer Gefängnis inhaftiert und kommen erst nach Monaten, Robert Scholl erst nach über einem Jahr wieder frei; auch Freunde erhalten zum Teil hohe Haftstrafen.

DIE BOTSCHAFT der Hingerichteten aber verbreitet sich weiter. Das sechste Flugblatt der Weißen Rose findet über den Widerstandskämpfer Helmuth James von Moltke, der mit ihnen zunächst gar nicht in Verbindung stand, den Weg nach Großbritannien und wird von der Royal Air Force zu Hunderttausenden über deutschen Städten abgeworfen. Der in die USA emigrierte Schriftsteller Thomas Mann erfährt durch einen schwedischen Bericht vom gewaltsamen Tod der Studenten und erinnert im Juni 1943 an sie in einer seiner BBC-Radioansprachen, die er als Mahnung für die Deutschen hält: „Brave, herrliche junge Leute! Ihr sollt nicht umsonst gestorben, sollt nicht vergessen sein." Doch die von der Weißen Rose erhoffte breite Opposition gegen das NS-Regime entsteht nicht. Es dauert noch fast zwei Jahre, bis Deutschland kapituliert und der Zweite Weltkrieg am 8. Mai 1945 zu Ende ist.

Vergessen ist die Weiße Rose bis heute nicht: Vor allem die Gestalt Sophie Scholls hat sich tief in die deutsche Erinnerungskultur eingeprägt. Die flatternden Blätter im Lichthof der Ludwig-Maximilians-Universität sind zum Symbolbild ihres gewaltfreien Widerstandes geworden. Schulen und Straßen sind heute nach ihr benannt, Denkmäler erinnern an Sophie Scholl. Filme, Bücher, Comics verbreiten ihre Geschichte. Ihr Porträt ziert Briefmarken und T-Shirts.

Sophie ist ein Vorbild, ein Allgemeingut, ein Popstar fast, wie es das Instagram-Projekt #ichbinsophiescholl nahelegt, das ihre letzten Tage in emotionaler Form mit nachgestellten Fotos und Filmen erzählt. Ihr Widerstand erscheint dort als der einsame, heroische Akt einer starken Frauenfigur.

„Wir erinnern oft an Leute, die gut in unsere Zeit passen", sagt die Historikerin Charlotte Jahnz, die dieser Art der ausschließlich subjektiven Geschichtsvermittlung kritisch gegenübersteht. „Doch wir tun das mit dem Blick von heute. Eine Heldengeschichte ist natürlich bewundernswert. Aber wir müssen immer den historischen Kontext sehen, in diesem Fall auch den Verdienst der anderen Mitglieder der Weißen Rose würdigen. Sophie Scholl – das ist auch nur ein Mensch."

Der trotz aller Ängste, Widersprüche und Zweifel gehandelt hat, für ein höheres Gut.

*

Ende März 1943 öffnet Fritz Hartnagel in der Wohnung der Scholls in Ulm das Paket aus Stadelheim mit Sophies letzten Dingen: darunter eine Streichholzschachtel. Ein Stück Schokolade. Und die selbst gebackenen Plätzchen ihrer Mutter, die diese ihr im Gefängnis zugesteckt hat – noch unberührt. Sophies letzte Botschaft aber wird erst durch Zufall viele Jahre später entdeckt. Auf der Rückseite ihrer Anklageschrift hat sie einmal in Versalien und einmal in schöner, jugendlich geschwungener Schrift ein Wort hinterlassen: „Freiheit". ●

DIE VERURTEILTEN *sterben noch am selben Tag im Gefängnis Stadelheim wahrscheinlich unter dieser später im Bayerischen Nationalmuseum verwahrten Guillotine. Am Tag ihres Todes erreicht Fritz Hartnagel ein letzter Brief Sophies – noch in Freiheit verfasst und gefüllt mit hoffnungsfrohen Worten*

1953

AUFSTAND UND GIPFELSTURM

Es ist das Jahr, in dem sich DDR-Bürger gegen Panzer stellen, in Moskau eine Ära endet und in London eine beginnt. In dem die Sowjetunion und die USA in Asien ihre Kräfte messen. Und in dem zwei Pioniere einen scheinbar unbezwingbaren Berg erklimmen

BILDTEXTE: INSA BETHKE UND JOHANNES TESCHNER

AM 17. JUNI 1953 demonstrieren Hunderttausende DDR-Bürger für höhere Löhne, Freiheit und Einheit. Weil die Polizei mit der Situation überfordert ist, fahren sowjetische Panzer auf, um die Proteste zu beenden. Vielerorts eskaliert die Lage zu bürgerkriegsähnlichen Zuständen *(Ostberliner Jugendliche bewerfen Panzer mit Steinen)*

Zwischen Widerstand und Resignation

EN PROTESTEN des 17. Juni
tlädt sich der Frust über das
on Moskau protegierte SED-
egime, über Misswirtschaft
nd Unterdrückung. Diese
emonstranten haben die Rote
ahne vom Brandenburger
r geholt und verbrennen sie
f der Westberliner Seite

AUSGELÖST WIRD DER landesweite Aufstand durch den Streik
Ostberliner Bauarbeiter, die
gegen die Erhöhung ihrer Arbeits-
normen – de facto eine Lohn-
kürzung – protestieren. Doch
die sowjetischen Truppen sowie
ostdeutsche Polizisten und
Soldaten schlagen die Erhebung
rücksichtslos nieder. Mehr
als 40 Demonstranten werden
getötet, mindestens fünf
weitere hingerichtet

ANGESICHTS WACHSENDER politischer
Repressionen und wirtschaft-
licher Trostlosigkeit sehen immer
mehr Ostdeutsche nur noch
die Möglichkeit, in den Westen zu
flüchten. In dieser Fabrik in
Berlin-Neukölln sind 1953 rund
3000 geflohene DDR-Bürger
untergebracht. Bis zum Zusam-
menbruch des SED-Regimes 1989
verlassen mehrere Millionen
Menschen das Land

STALIN Trauer um einen Tyrannen

VERZWEIFLUNG erfasst die Sowjetunion mit dem Tod Stalins, denn niemand kann sich eine Zukunft ohne den Diktator vorstellen – obgleich seine Herrschaft Abermillionen Menschen einen gewaltsamen Tod gebracht hat. Auch in den »sozialistischen Bruderländern« wird getrauert: Am 9. März 1953 findet in der Stalinallee in Ostberlin eine offizielle Gedenkfeier statt

WÄHREND DER OSTBLOCK die Ära Stalin zu Grabe trägt, feiert Großbritannien seine junge Monarchin: Am 2. Juni 1953 wird Elisabeth II., als ältestes Kind von Georg VI. schon seit dessen Tod im Vorjahr Königin, im Alter von 27 Jahren in der Westminster Abbey in London gekrönt. Elisabeth verkörpert für viele den Aufbruch in eine neue Zeit – zumal es das erste Mal ist, dass diese Zeremonie live im TV zu sehen ist

NACH JAHRZEHNTEN an der Spitze der sowjetischen Staatsmacht stirbt der aus Georgien stammende Despot Josef Stalin am 5. März 1953 an den Folgen eines Schlaganfalls auf seiner Datscha. Mehrere jener Männer, die bei der Beisetzung in Moskau seinen Sarg schultern, streiten bald um Stalins Nachfolge: Berija, Malenkow, Molotow, Bulganin. Doch sie alle werden in den folgenden Monaten und Jahren entmachtet – von Nikita Chruschtschow, der 1955 vollends zum neuen starken Mann der UdSSR aufsteigt

ELISABETH II. Die gekrönte Zuversich

der US-Auslandsgeheimdienst CIA im August 1953 den Sturz des iranischen Premiers Moham-mad Mossadegh herbei – um zu verhindern, dass sich das Land Moskau annähert, und um die Interessen einer britischen Ölfirma in Persien zu schützen. Immer wieder wird die CIA in den fol-genden Jahrzehnten schmutzige Aktionen in anderen Ländern durchführen, um den Kommunis-mus einzudämmen *(rechts eine von Mossadegh-Gegnern besetzte Radiostation in Teheran)*

REAKRIEG Ruhe, aber kein Frieden

DREI JAHRE TOBT in Korea, 1945 in eine nördliche sowjetische und eine südliche US-amerikani-sche Einflusszone geteilt, ein grausamer Kampf der Systeme *(hier US-Soldaten in Südkorea).* In der ersten großen Ausein-andersetzung des Kalten Krieges sterben nach Schätzungen mehr als vier Millionen Menschen, bevor die verfeindeten Seiten am 27. Juli 1953 einen Waffen-stillstand vereinbaren

ZWAR ENDEN die Kampfhand-lungen in Korea 1953, doch fortan ist das Land in zwei Staaten geteilt, getrennt durch eine vier Kilometer breite demilitarisierte Zone. Waffen, Helme und weitere Ausrüstung liegen hier auf einem Hügel nahe der Demarkationslinie, von dem aus US-Soldaten Stellungen in Nordkorea beobachten

ERSTBESTEIGUNG Auf dem Dach der Welt

LANGE ZEIT ist der Gipfel des Mount Everest im Himalaya das unerreichte Sehnsuchtsziel wagemutiger Bergsteiger. Doch 1953 widerlegen der Neuseeländer Edmund Hillary *(links)* und der Sherpa Tenzing Norgay mit einer britischen Expedition den Mythos vom unbezwingbaren Berg: Am 29. Mai stehen sie auf dem höchsten Punkt der Erde. Die Nachricht erreicht London und die Welt vier Tage später – zeitgleich mit den bewegenden Bildern von der Krönung Elisabeths II.

»ARBEITER-REVOLTE IN
WENN AUCH NICHT OHNE SPONTANEITÄT.
SCHONEND NIEDERGEHALTEN. PANZER

»DIE KRAFTFAHRER KÖNNEN NICHT AN DER TATSACHE VORÜBERGEHEN, DASS DER STRASSENVERKEHR SICH NIRGENDWO RÜCKSICHTSLOSER UND UNKAMERADSCHAFTLICHER ABWICKELT ALS GERADE IN DEUTSCHLAND.«

WERNER KLEFFEL IN DER WOCHENZEITUNG »DIE ZEIT« ANLÄSSLICH DER AUFHEBUNG SÄMTLICHER GESCHWINDIGKEITSBEGRENZUNGEN IN DER BUNDESREPUBLIK IM JANUAR 1953

»Ich habe mich aufrichtig dem Dienst an Ihnen verpflichtet, so wie so viele von Ihnen dem an mir verpflichtet sind. Mein ganzes Leben lang und von ganzem Herzen werde ich danach streben, Ihres Vertrauens würdig zu sein.«

KÖNIGIN ELISABETH II. NACH IHRER KRÖNUNG AM 2. JUNI 1953 IN EINER RADIOANSPRACHE AN IHRE UNTERTANEN

»Die Nachricht vom Hinscheiden des Genossen Stalin wird in den Herzen der Arbeiter, der Kolchosbauern, der Intelligenz und aller Werktätigen unserer Heimat, in den Herzen der Kämpfer unserer ruhmreichen Armee und Kriegsmarine, in den Herzen der Millionen Werktätigen aller Länder der Welt tiefen Schmerz auslösen.«

TRAUERANZEIGE DES ZENTRALKOMITEES DER KOMMUNISTISCHEN PARTEI DER SOWJETUNION, DES MINISTERRATS DER UDSSR UND DES PRÄSIDENTEN DES OBERSTEN SOWJETS DER UDSSR, IN »NEUES DEUTSCHLAND« VOM 7. MÄRZ 1953

»WER DURCH DAS LAND FÄHRT, SIEHT: ES WIRD GEBAUT. GROSSE BRÜCKEN HABEN DIE RUINEN DES KRIEGES ERSETZT. UND JETZT WIRD AUCH BEI UNS DAS SCHWER

OST-BERLIN, GEWISS PROVOZIERT, VON RUSSISCHEN TRUPPEN UND SCHÜSSE IN DIE LUFT.«

AM 19. JUNI 1953 ANGESICHTS DES AUFSTANDES IN DER DDR

BEGREIFLICHE ZAUBERWERK DES FERNSEHENS IN DAS BEWUSSTSEIN TRETEN.«

EUNDESPRÄSIDENT **THEODOR HEUSS** IN SEINER NEUJAHRSANSPRACHE FÜR 1953, DIE ERSTMALS IM FERNSEHEN ÜBERTRAGEN WIRD

»Jetzt standen Tenzing und ich endlich auf dem Gipfel der Welt.

Das war wirklich ein ziemlich gutes Gefühl, aber irgendwie gedämpft. Ich war mir immer noch sehr der Tatsache bewusst, dass wir noch sicher wieder herunterkommen mussten.«

EDMUND HILLARY, 1953 ERSTBESTEIGER DES MOUNT EVEREST, IN EINEM GESPRÄCH MIT DEM JOURNALISTEN JIM CLASH

»Die Demokratie in Deutschland leidet nicht unter den Angriffen ihrer Feinde, sondern an ihrer eigenen Mittelmäßigkeit, an Blutarmut und Fantasielosigkeit, an provinzieller Enge.«

RUDOLF AUGSTEIN (UNTER DEM PSEUDONYM JENS DANIEL) IM NACHRICHTENMAGAZIN »DER SPIEGEL« ÜBER DEN ZUSTAND DER BUNDESREPUBLIK IM SEPTEMBER 1953

1963

TRAUM UND SCHRECKEN

Es ist das Jahr, in dem ein Prediger Menschenmassen gegen das Unrecht mobilisiert. In dem Deutschland den schmerzhaften Blick in die Vergangenheit wagt und zukunftsweisende Pläne besiegelt. In dem eine Popgruppe nie gekannte Hysterie auslöst. Und eine der größten politischen Lichtgestalten des 20. Jahrhunderts jäh aus dem Leben gerissen wird

BILDTEXTE: LARA HARTUNG UND JOHANNES TESCHNER

MIT ANDEREN BÜRGERRECHTLERN ruft der Baptistenpastor Martin Luther King im Sommer 1963 zum »Marsch auf Washington« auf, um gegen Rassentrennung und Diskriminierung zu protestieren. Hunderttausende folgen ihnen, und am 28. August hält King vor dem Lincoln Memorial im Angesicht einer gewaltigen Menge seine berühmteste Rede: »I Have a Dream«

IM SÜDEN DER USA herrscht 1963 noch immer Rassentrennung, dürfen Schwarze in Restaurants nicht neben Weißen sitzen, werden von Wahlen ausgeschlossen. Die immer stärkeren Proteste gegen die Diskriminierung schlagen die Behörden meist brutal nieder. In Birmingham, Alabama, attackieren im Mai 1963 Feuerwehrleute mit ihren Hochdruckschläuchen Demonstranten, was weltweite Empörung nach sich zieht

ES IST EINER der bedeutendsten Prozesse der deutschen Nachkriegsgeschichte: Ab Dezember 1963 werden in Frankfurt die NS-Verbrechen von Auschwitz verhandelt. Angeklagt sind 22 Männer, die in verschiedenen Funktionen in dem Konzentrationslager tätig waren. 360 Zeugen sagen aus, darunter viele ehemalige Häftlinge. Nach knapp zwei Jahren ergehen die Urteile: Sechs Angeklagte müssen lebenslang ins Gefängnis, 13 erhalten kürzere, unterschiedlich lange Freiheitsstrafen, drei werden aus Mangel an Beweisen freigesprochen

RASSISMUS Neuer Kampf und alte Schuld

DER »MARSCH AUF WASHINGTON« ist der Höhepunkt der in den frühen 1960er Jahren anschwellenden Protestwelle in den USA. Die Teilnehmer fordern in der Hauptstadt gleiche Rechte und auch Jobs, denn die Arbeitslosenquote ist unter Schwarzen doppelt so hoch wie bei Weißen. Die Massendemonstration im August 1963 trägt entscheidend dazu bei, dass im folgenden Jahr unter US-Präsident Lyndon B. Johnson das bedeutsame Bürgerrechtsgesetz erlassen wird, das die Rassentrennung landesweit für unrechtmäßig erklärt

EUTSCHLAND Tore, Wunder und ein Pakt

WASSER UND SCHLAMM fluten am 24. Oktober 1963 den Schacht »Mathilde« im niedersächsischen Lengede, als gerade 129 Bergleute in der Eisenerzgrube arbeiten. 89 können in den ersten Tagen gerettet werden, die Lage für die übrigen Verschütteten scheint aussichtslos. Doch dann vernehmen die Helfer Klopfzeichen aus dem Erdreich, und zwei Wochen nach dem Unglück bergen sie tatsächlich noch elf Arbeiter lebend. Etliche TV-Kameras dokumentieren das »Wunder von Lengede«, das zum ersten Live-Fernsehspektakel der Bundesrepublik wird

MIT EINER UMARMUNG feiern Bundeskanzler Konrad Adenauer *(l.)* und Frankreichs Staatspräsident Charles de Gaulle am 22. Januar 1963 die Unterzeichnung des »Vertrags über die deutsch-französische Zusammenarbeit« im Pariser Élysée-Palast. Nach von Kriegen geprägten Jahrzehnten und zwei Weltenbränden, in denen sich Deutschland und sein westlicher Nachbar als Gegner gegenüberstanden, wollen sich die BRD und Frankreich fortan in Fragen der Außen-, Verteidigungs- und Bildungspolitik abstimmen. Die Vereinbarung wird zu einem Grundstein für das politische Zusammenwachsen des europäischen Kontinents

NACH NICHT MAL EINER MINUTE schießt der Dortmunder Stürmer Friedhelm »Timo« Konietzka *(im Foto hinten rechts, vorn sein jubelnder Mitspieler Lothar Emmerich)* am 24. August 1963 das erste Tor der deutschen Fußball-Bundesliga. Die Spielklasse, deren Einrichtung der Deutsche Fußball-Bund (DFB) gut ein Jahr zuvor beschlossen hat, soll die besten Klubs aus den vier regionalen Oberligen der Bundesrepublik sowie der Westberliner Stadtliga zusammenführen und den deutschen Fußball auf internationales Niveau heben. Auch deshalb sind in der neuen Liga erstmals Berufsspieler erlaubt

BEATLEMANIA Im Herzen der Massen

NOCH IM VORJAHR SIND die Beatles eine vor allem in Liverpool und Hamburg bekannte Gruppe, spielen dort in den örtlichen Klubs. Doch im Mai 1963 erreicht »Please Please Me«, das erste Album der Band, Platz eins der britischen Charts – und bleibt dort, bis ihre im November erscheinende zweite Langspielplatte »With the Beatles« es ablöst. Von England aus erobert nun die »Beatlemania« die Welt: Kreischende weibliche Fans im Teenageralter werden zu einem Massenphänomen, wie es noch keine Band zuvor ausgelöst hat

KENNEDY Tod eines Hoffnungsträgers

IN STRAHLENDEM SONNENSCHEIN fährt US-Präsident John F. Kennedy mit seiner Frau Jackie am 22. November 1963 durch die Innenstadt von Dallas, Texas. Momente später treffen ihn Schüsse in Hals und Kopf. Sein früher Tod im Alter von 46 Jahren macht Kennedy, schon zu Lebzeiten Symbolfigur für eine Aufbruchsstimmung, zum Mythos. Die Ermittlungen deuten auf einen einzelnen Täter, doch der wird zwei Tage nach dem Attentat selbst erschossen. Und so ist Kennedys Ende bald umrankt von Verschwörungserzählungen

»ICH HABE EINEN TRAUM, DASS EINER NATION LEBEN WERDEN, SONDERN NACH DEM WESEN IHRES

MARTIN LUTHER KING BEIM »MARSCH AUF WASHINGTON« AM 28. AUGUST 1963

» Wir sind 10 Mann. Einer ist nervenkrank. Haben Hunger und Durst und kein Licht. Vielleicht Zigaretten und Feuer«

AUF EINEN ZETTEL GESCHRIEBENE MITTEILUNG DER (TATSÄCHLICH ELF) SEIT ZEHN TAGEN VERSCHÜTTETEN BERGLEUTE IN LENGEDE NACH IHRER ENTDECKUNG AM 3. NOVEMBER 1963

»... WERDEN ANGEKLAGT, IN DEN JAHREN 1940 BIS 1945 IM BEREICH DES KONZENTRATIONSLAGERS

AUSCHWITZ/POLEN DURCH MEHRERE SELBSTSTÄNDIGE HANDLUNGEN TEILS ALLEIN, TEILS GEMEINSCHAFTLICH MIT ANDEREN, AUS MORDLUST UND SONST AUS NIEDRIGEN BEWEGGRÜNDEN, HEIMTÜCKISCH UND GRAUSAM SOWIE TEILWEISE MIT GEMEINGEFÄHR-LICHEN MITTELN MENSCHEN GETÖTET ZU HABEN.«

AUS DER ANKLAGESCHRIFT IM ERSTEN FRANKFURTER AUSCHWITZ-PROZESS, VERLESEN IM DEZEMBER 1963

»Ich bin ein Berliner!«

US-PRÄSIDENT **JOHN F. KENNEDY** AM 26. JUNI 1963 VOR EINER GROSSEN MENSCHENMENGE IN BERLIN

MEINE VIER KLEINEN KINDER EINES TAGES IN
WO SIE NICHT NACH DER FARBE IHRER HAUT,
CHARAKTERS BEURTEILT WERDEN.«

»The same procedure as
last year, Miss Sophie?«

»The same procedure as
every year, James.«

»ICH HALTE DEN ZEITPUNKT
FÜR GEKOMMEN, DIPLOMATISCHE
BEZIEHUNGEN ZU ISRAEL
AUFZUNEHMEN.«

»Für den Einsatz im Notstands-
fall haben die Regierung
der Vereinigten Staaten von
Amerika und die Regierung
der Union der Sozialistischen
Sowjetrepubliken vereinbart, so
bald wie technisch durchführbar
eine direkte Kommunikations-
verbindung zwischen den zwei
Regierungen herzustellen.«

IM HERBST 1973 VERORDNET die Regierung der BRD den Westdeutschen insgesamt vier autofreie Sonntage, die einige Bürger kurzerhand zum Picknicken auf der Autobahn nutzen. Doch der Hintergrund ist ernst: Die vor allem symbolpolitische Maßnahme soll die Bevölkerung zum Energiesparen bewegen, denn die Ölkrise, die Knappheit des wichtigsten industriellen Treibstoffs, belastet die Wirtschaft massiv

1973

OHNE TREIBSTOFF

Es ist das Jahr, in dem ein flüssiger Energieträger aus den Tiefen der Erde die Weltlage dominiert – oder vielmehr der Mangel an ihm. In dem ein Krieg im Nahen Osten zur Verknappung jenes Mineralöls führt. Und in dem in Südamerika ein Putsch die Freiheit tötet, während weiter im Norden das Recht auf Selbstbestimmung triumphiert

BILDTEXTE: JENS-RAINER BERG

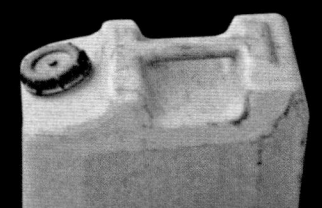

WÄHREND DES HÖCHSTEN jüdischen Feiertags Jom Kippur attackieren syrische und ägyptische Truppen am 6. Oktober 1973 von Israel seit 1967 besetzte Gebiete auf der Sinaihalbinsel und den Golanhöhen – ein weiteres gewaltsames Kapitel im Nahostkonflikt. Israelische Einheiten *(unten)* können die Angreifer jedoch schon bald zurückdrängen

ANGRIFF Kampf in Nahost

nach können Verhandlungen – hier US-Außenminister
Henry Kissinger *(links)* und der saudische König
Faisal *(rechts)* im November – das Embargo mildern.
Doch die wirtschaftlichen Verwerfungen sind
noch lange weltweit spürbar

BOYKOTT Öl als Wa

NEW YORK Riesige Zwillinge

UM EINIGES ÜBERRAGEN die gewaltigen Türme des New Yorker World Trade Center 1973 die Skyline im Süden von Manhattan. Nach siebenjähriger Bauzeit, in der bis zu 7000 Arbeiter gleichzeitig die Stahlkonstruktion emporgetrieben haben, wird das Gebäude am 4. April offiziell eingeweiht, als damals höchster Wolkenkratzer der Welt. Bald schon werden die »Twin Towers« zum Wahrzeichen New Yorks – auch wenn aufgrund der Ölkrise die Vermietung nur schleppend anläuft

AM 11. SEPTEMBER 1973 putscht das chilenische Militär gegen Salvador Allende, den demokratisch gewählten Präsidenten des Landes. Soldaten treiben politische Gegner in Sportarenen, hier im Nationalstadion von Santiago, zusammen. Allein in den ersten Wochen werden mindestens 2000 Menschen von den Umstürzlern ermordet

ALS DIE PUTSCHISTEN den Amtssitz des Präsidenten in Santiago stürmen, nimmt sich Allende kurz vor seiner Festnahme das Leben. In den Jahren zuvor hatte der Politiker versucht, die gewaltige Kluft zwischen reicher Elite und armer Bevölkerung durch Enteignungen und Umverteilung zu schmälern

LE Sturm auf die Demokratie

HEERESGENERAL AUGUSTO PINOCHET führt, heimlich unterstützt von den USA, den Staatsstreich an und errichtet nach der Machtübernahme eine Diktatur. Über Jahre geht das Regime unerbittlich gegen Oppositionelle vor – mit Lagerhaft, Folter, Mord. Erst in den 1990ern wird Pinochet allmählich eine Rückkehr zur Demokratie zulassen

ABTREIBUNG Recht über den Körper

NACH JAHRELANGEN KÄMPFEN von Aktivistinnen – hier eine Demonstration von 1971 – erreicht der progressive Geist der Frauenbewegung auch den Obersten Gerichtshof der USA. Am 22. Januar 1973 fällt die Kammer eine Grundsatzentscheidung zur Abtreibung, die Frauen weitgehend das Recht zuspricht, frei über einen Schwangerschaftsabbruch zu bestimmen. Das liberale Amerika feiert, doch die gesellschaftlichen Auseinandersetzungen über das Thema bleiben hitzig

»DIE ÖLKRISE WAR EIN SCHOCK«

Die Beschränkung der Ölzufuhr und der folgende rasante Preisanstieg schufen 1973 in den westlichen Industriestaaten erstmals ein Bewusstsein für die Endlichkeit fossiler Energien, die Abhängigkeit von billigen Rohstoffen. Doch die wahren Opfer der Ölkrise waren andere Länder, sagt der Historiker Rüdiger Graf – der die damalige Situation für kaum vergleichbar mit der gegenwärtigen Energiekrise hält

INTERVIEW: MANUEL OPITZ

GEO*EPOCHE*: 1973 HABEN ARABISCHE STAATEN DIE ÖLZUFUHR AN WESTLICHE INDUSTRIENATIONEN GEDROSSELT, HEUTE LIEFERT RUSSLAND WENIGER GAS NACH EUROPA. DIE FOLGEN: EINE FURCHT VOR VERSORGUNGSENGPÄSSEN UND STEIGENDE ENERGIE-PREISE. WIEDERHOLT SICH DIE GESCHICHTE, NUR DASS ES JETZT UM GAS GEHT?
DR. RÜDIGER GRAF: Nein, die Situation ist heute eine andere. Europa war 1973 von arabischem Öl viel abhängiger als zuletzt von russischem Gas: Die Bundesrepublik bezog damals rund 80 Prozent der Ölimporte aus arabischen Staaten. Gleichzeitig hatte man ein reales Krisenszenario vor Augen, denn in den USA gab es tatsächlich schon vor dem Embargo Benzinengpässe. Wollten Menschen dort tanken, mussten sie teils stundenlang warten und bekamen nichts oder nur geringe Mengen. So grundlegend wie damals mit Öl ist die Versorgung mit Gas – im Moment – nicht gefährdet. Die gegenwärtige Krise trifft uns vielmehr deshalb so sehr, weil es nicht nur um Gas geht, sondern um den Energiemarkt insgesamt: Die notwendige Energiewende ist nicht abgeschlossen, und das führt zu Unsicherheiten. Insgesamt dürfen wir auch nicht vergessen, dass Öl eine andere Bedeutung als Gas hat.

ZUR PERSON

PD DR. RÜDIGER GRAF, Jg. 1975, forscht am Leibniz-Zentrum für Zeithistorische Forschung Potsdam, wo er die Abteilung »Wissen – Wirtschaft – Politik« leitet. In seiner Habilitationsschrift »Öl und Souveränität« analysiert er die Energiepolitik in den USA und Westeuropa in den 1970er Jahren

SIE MEINEN, ÖL IST ALS ROHSTOFF WICHTIGER? Ja, nicht umsonst sprechen wir vom Ölzeitalter. In den 1960er Jahren haben sich Ölfirmen als Schöpfer der modernen Zivilisation inszeniert. Und tatsächlich war und ist Öl als Rohstoff nicht aus unserem Alltag wegzudenken. Es ist universal einsetzbar, über die Kunstdüngerproduktion in der Landwirtschaft bis hin zur Plastikherstellung. Und Öl wurde nicht zu Unrecht als Stoff angesehen, der den Weltwirtschaftskreislauf am Laufen hält, indem es Flugzeuge, Schiffe und Lastwagen antreibt. Ein kontinuierlicher, günstiger Ölzufluss berührte so letztlich auch die Legitimationsgrundlagen der westlichen Demokratien.

INWIEFERN? Der Kalte Krieg war ein Systemkonflikt, und im Westen meinte man, die Überlegenheit der kapitalistischen Wirtschaftsordnung gegenüber den kommunistischen Ländern durch einen höheren Wohlstand und die bessere Versorgung der Bevölkerung beweisen zu können. Die Produktion von unzähligen Konsumgütern, wie auch die Funktionsfähigkeit der Volkswirtschaft insgesamt, hängt aber von ausreichenden Öllieferungen ab. Und 1973 offenbarte sich dann, dass westliche Regierungen diese nicht garantieren konnten, sondern ihre Politik auch von den Entscheidungen von Herrschern in weit entfernten Ländern abhängig war.

UND HEUTE? IST DIE LEGITIMITÄT VON DEMOKRATIEN ANGESICHTS DER ENERGIEKRISE UND DER DEBATTEN UM DIE ENERGIEVERSORGUNG NICHT ERNEUT AUF DIE PROBE GESTELLT? Wenn die Ära der billigen Energie endet und die Energiekosten extrem steigen, dann hat diese Entwicklung enormes soziales Sprengpotenzial. Ganze Gesellschaftsschichten würden ihren Lebensstil gefährdet sehen, weil sie sich andere Dinge – denken wir an Urlaub, Freizeitbeschäftigungen, Hobbys – nicht mehr leisten können. Natürlich hängt die Stabilität unserer Demokratie ja nicht nur von der preisgünstigen und unbegrenzten Verfügbarkeit von Energie ab. Engpässe und Preissteigerungen können aber gesellschaftlichen Unmut steigern und Konflikte verschärfen.

ALS PROBLEM ERWEIST SICH DERZEIT DIE GROSSE ABHÄNGIGKEIT DEUTSCHLANDS VON RUSSISCHEM GAS, ALSO VON EINEM EINZELNEN ZULIEFERER. HABEN WIR DENN NICHTS AUS DER ÖLKRISE GELERNT? Doch, aber das falsche. Unsere heutige Situation ist indirekt eine Folge der Ölkrise von 1973. Damals zog man vor allem die Lehre, die Abhängigkeit von Öl aus arabischen Staaten zu reduzieren. Also haben westeuropäische Regierungen verstärkt auf Gas aus der Sowjetunion gesetzt, die trotz des Kalten Krieges als zuverlässiger Handelspartner galt. Außerdem wurde die Atomkraft ausgebaut. Es gab zwar schon damals Forschende, die sich für den Ausbau erneuerbarer Energien stark gemacht haben, auch weil mit fossilen Energieträgern außer der Kohle Abhängigkeiten entstehen. Viel zu lange wurden sie aber nicht gehört. Erst Ende der 1980er Jahre, als der menschengemachte Klimawandel langsam zum Thema wurde, erlebten die Erneuerbaren einen ersten Boom.

DAS WAR DIE POLITISCHE REAKTION AUF DIE ÖLKRISE. WELCHE AUSWIRKUNGEN HATTE DIE ANGST VOR VERSORGUNGSENGPÄSSEN IN DER GESELLSCHAFT? Eine immense. Im Nachkriegsboom dachte kaum jemand daran, dass Öl eines Tages knapp werden könnte. Im Gegenteil: Es war im Überfluss vorhanden und billig. Man sah einer Zukunft kontrollierten Wachstums entgegen – mit einem parallel steigenden Energieverbrauch. Vor diesem Hintergrund waren die Erfahrungen der Ölkrise ein Schock. Plötzlich wurde über das Ende der Überflussgesellschaft diskutiert. Die Krise und die folgenden staatlichen Maßnahmen wie Fahrverbote, die Einführung von Tempolimits und das Runterfahren von Heizungen in öffentlichen Gebäuden, vor allem aber Neuauflagen der Energieprogramme haben Energiesparen zum Thema gemacht und ein Bewusstsein dafür geschaffen.

ZU EINEM VERSORGUNGSENGPASS MIT ÖL IST ES IN EUROPA 1973 NICHT GEKOMMEN; LETZTLICH KONNTEN DIE ARABISCHEN LÄNDER DIE BESCHRÄNKUNGEN DER ÖLZUFUHR NICHT DAUERHAFT AUFRECHTERHALTEN. INWIEFERN HAT DIE ÖLKRISE DIE MACHTVERHÄLTNISSE ZWISCHEN DEN INDUSTRIENATIONEN UND DEM GLOBALEN SÜDEN, DEN ENTWICKLUNGS- UND SCHWELLENLÄNDERN, VERÄNDERT? Die Lieferbeschränkungen, die zusammen mit der zeitgleichen Erhöhung des Ölpreises durch die OPEC, die Organisation erdölfördernder Länder, ja die Ölkrise auslösten, waren der erste erfolgreiche Versuch einer Gruppe von Entwicklungs- und Schwellenstaaten, ihre wirtschaftlichen Interessen gegen die militärisch stärkeren und reicheren Länder im Norden durchzusetzen. Seit Beginn der 1960er Jahre hatten die Länder des Globalen Südens eine Neue Weltwirtschaftsordnung und vor allem die Souveränität über die auf ihrem Territorium befindlichen Rohstoffe gefordert, die auf der Basis älterer Konzessionen von westlichen Konzernen gefördert wurden. Den Ländern der OPEC gelang es tatsächlich, die Kontrolle über den Ölpreis zu übernehmen und die Firmen zu verstaatlichen. Damit inszenierte sie sich auch als Avantgarde der sogenannten Dritten Welt. Mit dem Souveränitätswechsel beim Öl gingen enorme Reichtums- und Machtverschiebungen einher, und die Welt ist multipolarer geworden.

ABER WARUM FÜHRTE DIES ALLES NICHT ZU EINER SCHWÄCHUNG DER ERDÖLARMEN INDUSTRIELÄNDER DES NORDENS? Wir müssen uns frei machen von der Vorstellung, dass nur derjenige, der den Rohstoff hat, Druck ausüben kann. Die OPEC-Staaten von denen die meisten wenig andere Einnahmequellen außer Öl haben, waren auf das Geld aus dem Norden genauso angewiesen wie dieser auf den Rohstoff. Anders als von manchen erwartet, haben sich auch keine weiteren starken Rohstoffkartelle, etwa für das Aluminiumerz Bauxit oder für Gas, etabliert. Außerdem konnten die Industriestaaten die höheren Preise auf verarbeitete Industrieprodukte – seien es nun Maschinen oder Kunstdünger – umlegen. Die größten Verlierer dieser Entwicklung waren die Länder des Globalen Südens, die über kein Erdöl verfügen.

DAS MÜSSEN SIE ERKLÄREN. Sie mussten fortan sowohl mehr Geld für importiertes Öl aus den OPEC-Staaten als auch für verarbeitete Produkte aus den Industriestaaten bezahlen, zum Beispiel für die Landwirtschaft. Insofern war die Ölkrise der Anfang der Verschuldungskrise dieser Länder, und daraus haben viele bis heute keinen Ausweg gefunden.

DAS ÖLZEITALTER GEHT AUF ABSEHBARE ZEIT ZU ENDE. WELCHE CHANCEN BIRGT DAS FÜR DIE WELT? Die Geschichte des 20. Jahrhunderts zeigt, dass die Abhängigkeit von Öl ein enormes internationales Konfliktpotenzial birgt. Seit dem Ersten Weltkrieg ist klar, dass man einen militärischen Konflikt nur mit ausreichender Ölzufuhr gewinnen kann, und immer wieder hat der Zugang zu Öl bei Kriegen eine Rolle gespielt, etwa beim Biafra-Krieg in Nigeria oder bei den Golfkriegen. Wenn die Energiewende gelingt und Staaten imstande sind, den Großteil ihres Energiebedarfs mit Erneuerbaren zu decken, könnte dies auch eine befriedende Wirkung haben. Anders als fossile Energieträger die global gehandelt werden müssen, sind Sonne, Wind und Wasser überall vorhanden. Ich bin aber eher pessimistisch, dass die Chance ergriffen wird. ●

1983

DIE ZUSPITZUNG

Es ist das Jahr, in dem das Wüten einer tödlichen Krankheit
übersehbar wird. In dem die zwei Supermächte ihr gefährliches
Ringen abermals verschärfen, in Europa aber auch eine
lautstarke Gegenkraft der Vielen entsteht. Und in dem sich
Journalisten in ihrer Jagd nach Schlagzeilen von ebenso
finsteren wie faszinierenden Schriftstücken täuschen lassen

BILDTEXTE: INSA BETHKE UND LARA HARTUNG

IM SOMMER 1983 drängt ein rätselhaftes Leiden
erstmals massiv ins Bewusstsein der Öffentlichkeit: die Immunschwäche Aids. Da zunächst
die schwule Community überproportional
betroffen ist, erfahren Erkrankte oft Diskriminierung. Bei einer Andacht im New Yorker
Central Park halten Teilnehmer Schilder mit
Nummern für jedes der bis dahin gut 600
Todesopfer in den USA in die Höhe

NACHDEM DER WARSCHAUER PAKT in Europa zahlreiche neue Mittelstreckenraketen mit nuklearen Sprengköpfen in Stellung gebracht hat, rüsten auch die Westmächte im Rennen um die atomare Abschreckung weiter auf: Die NATO-Staaten fassen den sogenannten Doppelbeschluss, der unter anderem die Stationierung eigener moderner nuklearer Waffensysteme vorsieht. Auch diese Rakete vom Typ Pershing Ia auf dem US-Stützpunkt Waldheide bei Heilbronn wird bald durch das neue Modell Pershing II ersetzt werden

US-HUBSCHRAUBER kreisen über der Insel Carriacou, die zu Grenada gehört. Bei einem Staatsstreich in dem Karibikstaat wird im Oktober 1983 der sozialistische Premierminister Maurice Bishop ermordet. Weil US-Präsident Ronald Reagan danach eine weitere Annäherung an Kuba und die Sowjetunion befürchtet, befiehlt er eine Invasion. Wenige Tage später landen rund 7000 Soldaten unter anderem mit Helikoptern und Fallschirmen auf Grenada, bringen die Hauptinsel sowie auch Carriacou unter ihre Kontrolle und setzen eine den USA genehme Regierung ein

NACH EINER ENTSPANNUNGSPHASE in den 1970ern spitzt sich der Kalte Krieg wieder zu – mit tragischen Opfern: Angehörige trauern auf einem Boot an der Unglücksstelle im Nordpazifik um die 269 Passagiere und Crewmitglieder eines südkoreanischen Flugzeugs, das am 1. September 1983 ins Meer gestürzt ist. Aus bis heute ungeklärten Gründen hatte sich die Zivilmaschine auf ihrem Flug mit der Nummer KAL007 in den sowjetischen Luftraum verirrt. Da eine Kontaktaufnahme per Funk nicht zustande kam und der Jet als feindliches Objekt eingestuft wurde, erhielt der Pilot eines Abfangjägers das Kommando zum Abschuss

WEGEN DER BEVORSTEHENDEN Umsetzung des NATO-Doppelbeschlusses protestieren am 22. Oktober 1983 Hunderttausende in Deutschland gegen den Rüstungswettlauf. Auf der zentralen Kundgebung der Friedensbewegung im Bonner Hofgarten, einer der größten Massendemonstrationen in der Geschichte der BRD, ruft der Literaturnobelpreisträger Heinrich Böll zum gewaltlosen Widerstand gegen die Stationierung von Mittelstreckenraketen auf. Doch auch die 108 Kilometer lange Menschenkette, die sich am selben Tag über die Schwäbische Alb zieht, kann dies nicht verhindern

AUCH IN ANDEREN westlichen Ländern stärkt die nukleare Aufrüstung – und die dadurch ausgelöste Angst vor einem Atomkrieg – die Friedensbewegung. In Deutschland bringen die zunehmenden Sorgen selbst Soldaten der Bundeswehr dazu, sich in Uniform unter die Demonstranten in Bonn zu mischen. Obwohl ihnen das verboten worden ist

PROTESTE Friedlich gegen Raketen

DREI TAGE NACH der Bonner Kundgebung, am 25. Oktober 1983, tritt Udo Lindenberg im Palast der Republik in Ostberlin auf. Die DDR-Führung will sich mit dem auch im Ostteil Deutschlands beliebten Rockstar als westlichem Vertreter der Friedensbewegung schmücken. Sein Anfang des Jahres veröffentlichtes Lied »Sonderzug nach Pankow« darf Lindenberg in der Frontstadt des Kalten Krieges jedoch nicht zu Gehör bringen: Darin wird Erich Honecker aus Sicht der DDR-

HITLER-TAGEBÜCHER Falsche Einblicke

STOLZ PRÄSENTIERT der Reporter des Magazins »stern« Gerd Heidemann im April 1983 den angeblichen Sensationsfund: die geheimen Tagebücher Adolf Hitlers. Doch die vermeintlich einzigartigen historischen Quellen entpuppen sich als Fälschung – und die Sensation als einer der größten Skandale der deutschen Mediengeschichte. Gegen den Imageschaden kämpft das Blatt danach noch jahrzehntelang

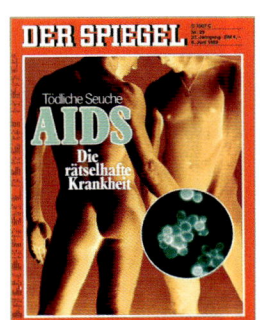

»IST EINE MODERNE
WIE EINST IM MITTELALTER? ODER
HOMOSEXUELLEN MÄNNER DARAN

DER SPIEGEL PRÄGT IN EINER TITELSTORY IM JUNI 1983 DAS BILD DER DEUTSCHEN VON AIDS

»HUNDERTTAUSENDE IN DIE KETTE, AN DIE STATIONIERUNGSORTE, AUF DIE VOLKSVERSAMMLUNGEN. WIR BRAUCHEN JEDEN. WIR LEISTEN GEWALTFREIEN WIDERSTAND. WIR SIND UNGEHORSAM. WIR SCHÜTZEN UNSER LAND!«

AUFRUF ZUM PROTEST AM 22. OKTOBER GEGEN DIE UMSETZUNG DES NATO-DOPPELBESCHLUSSES

»Die Prüfungen in der Künstler-agentur der DDR ergaben, dass

Lindenberg ein mittelmäßiger Schlagersänger der BRD ist, an dem kein Interesse besteht.«

BERICHT DER **STASI** ÜBER UDO LINDENBERG VON 1976; SIEBEN JAHRE SPÄTER DARF ER DOCH AUSNAHMSWEISE IM PALAST DER REPUBLIK AUFTRETEN

»DIE GESCHICHTE DES DRITTEN REICHES MUSS TEILWEISE UMGESCHRIEBEN WERDEN.«

»STERN«-CHEFREDAKTEUR **PETER KOCH** ÜBER DIE BEDEUTUNG DER SPÄTER ALS FÄLSCHUNG ENTTARNTEN ANGEBLICHEN HITLER-TAGEBÜCHER

»Zwei Jahre geb ich denen, dann gehen die Mann für Mann zur SPD über.«

HELMUT KOHL ÜBER DIE 1983 ERSTMALS IN DEN BUNDESTAG EINGEZOGENEN GRÜNEN

SEUCHE IN SICHT,
WERDEN NUR DIE
GLAUBEN MÜSSEN?«

»Ich gehe davon aus,
dass die deutsche Bevölkerung
opferbereit ist.«

DER PARLAMENTARISCHE STAATSSEKRETÄR **CARL-DIETER SPRANGER** ÜBER DIE BEVORSTEHENDE
EINFÜHRUNG DES BLEIFREIEN BENZINS, DAS ZWEI PFENNIG TEURER SEIN WIRD

»Hier ist Bob Barnett in Chicago. Sir, es ist uns ein Vergnügen, mit Ihnen zu sprechen. Wie Sie wissen, ist dieser Anruf heute der erste internationale Anruf, den wir über das Mobilfunksystem tätigen, und da Ihr Urgroßvater, namentlich Alexander Graham Bell, diese ganze Branche ins Leben gerufen hat, wissen wir es sehr zu schätzen, dass Sie sich trotz Ihres vollen Terminkalenders die Zeit nehmen, um heute bei uns zu sein.«

ROBERT L. BARNETT VON DER
US-TELEFONGESELLSCHAFT AMERITECH
MOBILE COMMUNICATIONS RUFT AM
13. OKTOBER 1983 AUS EINEM AUTO EINEN
URENKEL ALEXANDER GRAHAM BELLS
AN, DER DAS TELEFON IM 19. JAHRHUNDERT
ZUR MARKTREIFE BRACHTE

»DIE FREIHEIT IST EINE SPEISE,
DIE VORSICHTIG VERABREICHT WERDEN
MUSS, WENN DIE MENSCHEN ZU
HUNGRIG DANACH SIND.«

LECH WAŁĘSA, VORSITZENDER DER FREIEN
POLNISCHEN GEWERKSCHAFT SOLIDARNOŚĆ, DER
1983 DEN FRIEDENSNOBELPREIS ERHÄLT

1993

TRÜMMER UND HOFFNUNGSZEICHEN

Es ist das Jahr, in dem Granaten auf dem Balkan eine symbolträchtige Lücke reißen, während sich anderswo Feinde die Hand reichen. In dem in Deutschland die Rote Armee Fraktion ein letztes Mal zuschlägt und zugleich Rechtsextreme zu Mördern werden. Und in dem sich eine einst boomende Industrieregion von ihrer kohleschwarzen Vergangenheit verabschieden muss

BILDTEXTE: INSA BETHKE UND SAMUEL RIETH

UM KRIEGSVERBRECHEN auf dem Balkan zu ahnden, nimmt am 17. November 1993 in Den Haag der Internationale Strafgerichtshof für das ehemalige Jugoslawien seine Arbeit auf. Kein Amt, kein Rang schützt vor Strafverfolgung durch das bis 2017 bestehende UN-Tribunal, das unter anderem die Hauptverantwortlichen für das Massaker von Srebrenica, Radovan Karadžić und Ratko Mladić, verurteilt

NACH MONATELANGEN Geheimgesprächen ihrer Unterhändler in Norwegen reichen sich Israels Ministerpräsident Jizchak Rabin und Palästinenserführer Jassir Arafat am 13. September 1993 unter den Augen von US-Präsident Bill Clinton die Hände: Sie wollen der Gewalt im Nahen Osten ein Ende setzen. Doch das sogenannte Oslo-Abkommen, das die beiden Männer an diesem Tag in Washington besiegeln und das ihnen den Friedensnobelpreis einträgt, wird blutig scheitern – beginnend mit der Ermordung Rabins durch israelische Ultrarechte zwei Jahre darauf

GEMEINSAM UND GEWALTLOS überwinden sie die systematische Trennung von Menschen unterschiedlicher Hautfarben: Am 10. Dezember 1993 nehmen der südafrikanische Präsident Frederik Willem de Klerk und der 27 Jahre lang inhaftierte Freiheitskämpfer Nelson Mandela den Friedensnobelpreis entgegen. Das Norwegische Nobelkomitee würdigt ihren Einsatz für ein friedliches Ende des Apartheidregimes in Südafrika, unter dem dessen nichtweiße Bevölkerung viele Jahrzehnte gelitten hatte. Fünf Monate nach der Preisverleihung wählt das Land ein demokratisches Parlament, das nunmehr alle Südafrikanerinnen und Südafrikaner repräsentiert und Mandela zum neuen Präsidenten bestimmt: Der Aktivist beerbt jenen Mann im Amt, der sich für seine Entlassung aus dem Gefängnis eingesetzt hatte

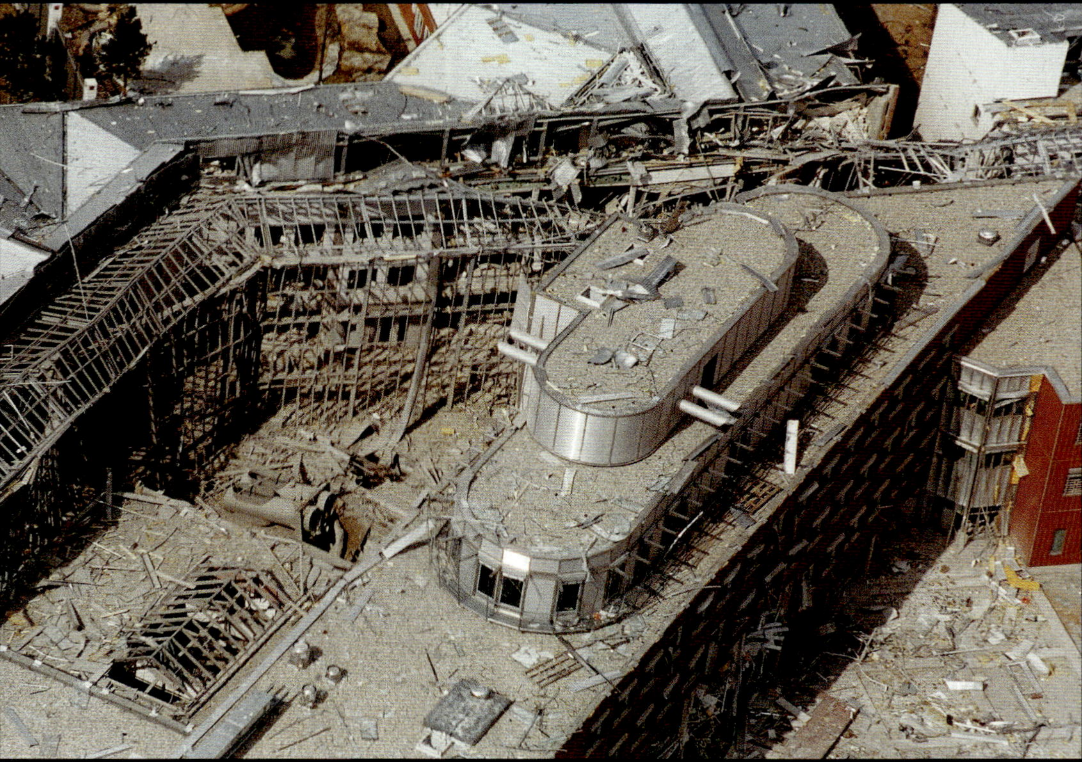

Die Polizei
BKA
bittet um Mithilfe.
Terroristen
Sabine Elke
CALLSEN
Wolfgang Werner
GRAMS
Birgit Elisabeth
HOGEFELD
Andrea Martina
KLUMP
Friederike
KRABBE
Barbara
MEYER
Horst Ludwig
MEYER
Christoph Eduard
SEIDLER
50 000 DM
Vorsicht Schußwaffen!
Stand Juli '90
Hinweise an jede Polizeidienststelle.

BAHNSTEIG 1 U. 2
MITROPAGASTSTÄTTE
POLIZEI

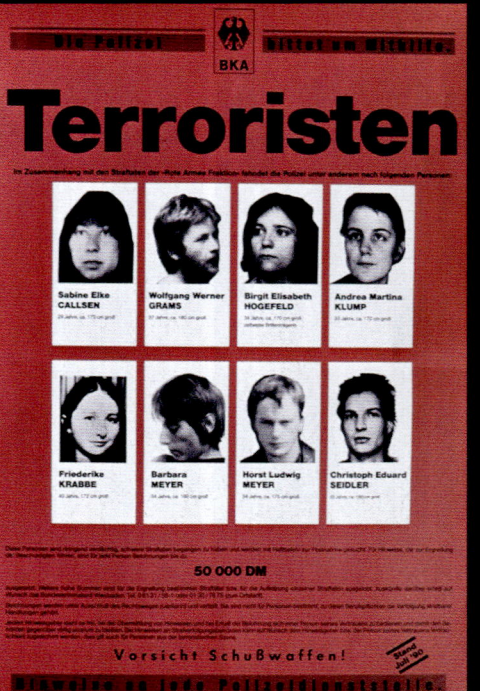

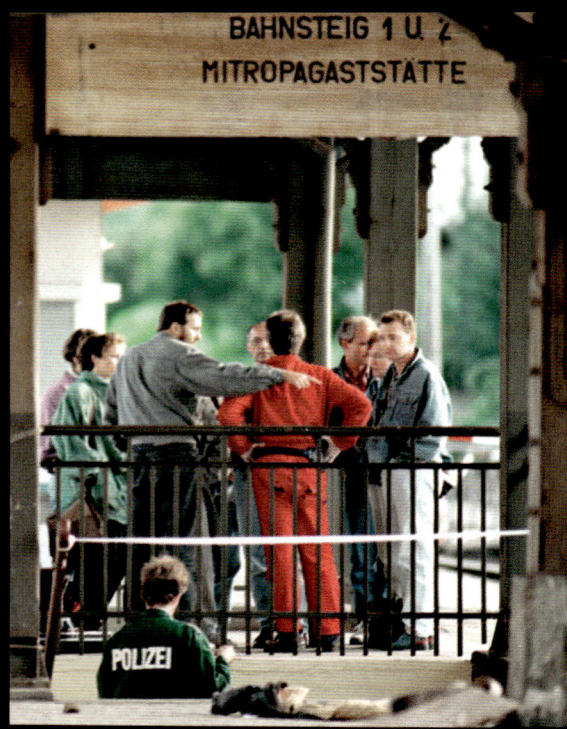

UMBRUCH Zwischen Niedergang und Neuanfang

BRENNENDE FACKELN, TRANSPARENTE: Zahlreiche Demonstranten blockieren am 17. Februar 1993 in Dortmund während der »Nacht der 1000 Feuer« die viel befahrene Bundesstraße 1. Insgesamt protestieren im Ruhrgebiet an diesem Abend rund 20 000 Menschen gegen den Stellenabbau in der Stahlindustrie. Streiks, Blockaden und Kundgebungen können den »Strukturwandel« nur verlangsamen, der zu Massenentlassungen führt und die Industrieregion fundamental verändert. Doch der Umbruch hat auch gute Folgen – so beginnt sich die dortige Natur zu erholen

EINE NEUE POLITISCHE KRAFT formiert sich am 14. Mai 1993 in Leipzig. Die westdeutschen Grünen sind vor allem aus der Friedens- sowie der Antiatomkraftbewegung hervorgegangen und 1983 erstmals in den Bundestag eingezogen – nun schließen sie sich mit dem Bündnis 90 zusammen, das aus Bürgerrechtsgruppen in der DDR entstanden ist. Im Jahr darauf wird die Partei, die sich fortan Bündnis 90/Die Grünen nennt, bei der Bundestagswahl zur drittstärksten Kraft

KOHLE UND STAHL befeuern generationenlang die Wirtschaft des Ruhrgebiets, erheben es zur wichtigsten Industrieregion Deutschlands. Und sind Broterwerb für Hunderttausende Menschen. Doch als die Nachfrage schrumpft, zugleich die Konkurrenz durch günstiger produzierende Länder wächst, beginnt in den späten 1950er Jahren ein jahrzehntelanger Niedergang. Erbittert und doch vergebens kämpfen Arbeiter gegen die Schließung der Hütten und Zechen. Am 30. Juni 1993 wird in Essen die Kokerei Zollverein *(links)* stillgelegt – zeitweise die modernste Anlage zur Gewinnung von Koks in Europa

»DIE DEMOKRATIE KAM TOT ZUR WELT«

Kaum ein Jahrzehnt des 20. Jahrhunderts begann derart verheißungsvoll wie die 1990er Jahre. Doch bald schon, so die Historikerin Kristina Spohr, versetzte der Jugoslawienkrieg der Euphorie harte Dämpfer. Und Veränderungen der politischen Situation in Russland ab 1993 trieben Osteuropa in die Arme des Westens

INTERVIEW: JOACHIM TELGENBÜSCHER

GEO EPOCHE: DER US-AMERIKANISCHE POLITOLOGE FRANCIS FUKUYAMA HAT ANFANG DER 1990ER JAHRE MIT SEINER THESE ÜBER DAS „ENDE DER GESCHICHTE" FÜR FURORE GESORGT. WAS HAT ER DAMIT GENAU GEMEINT? DIE GESCHICHTE WAR JA NICHT PLÖTZLICH VORBEI. PROF. DR. KRISTINA SPOHR: Fukuyama stellte diese These im Sommer 1989 in einem Artikel auf. Damals erlebte die UdSSR Gorbatschows Perestroika und der Ostblock die 1989er-Revolutionen. Auch China führte die Marktwirtschaft ein. Fukuyama postulierte, dass auf die ökonomische zwangsläufig auch die politische Liberalisierung folge. Ja, auf lange Sicht käme es zu einer Universalisierung der Demokratie. Denn die westlichen Werte hatten triumphiert und die Demokratie hatte sich als das beste politische System erwiesen. Das verstand Fukuyama unter dem „Ende der Geschichte".

DIE GANZE WELT ORIENTIERTE SICH ABER GAR NICHT AN WERTEN WIE LIBERALER DEMOKRATIE UND KAPITALISMUS. IM NAHEN OSTEN ERSTARKTE DER ISLAMISMUS. IM FEBRUAR 1993 WURDE DER ERSTE ANSCHLAG AUF DAS WORLD TRADE CENTER VERÜBT. WAR DER WESTEN ALSO ZU OPTIMISTISCH? Man muss das vor dem Hintergrund betrachten, dass sich damals ziemlich überraschend eine Weltordnung aufgelöst hatte. Mit dem Zerfall der Sowjetunion war die Bipolarität des Kalten Krieges Geschichte, ein unipolarer Moment hatte begonnen. Und damit meine ich jetzt gar nicht eine Ära der amerikanischen Hegemonie. Es gab eine enorme Aufbruchsstimmung in Ost und West. Insgesamt schien sich ein Wertewandel zu vollziehen. Die Deutschen, die Balten, die Ukrainer, ja selbst Jelzins Russland hatten der

ZUR PERSON

PROF. DR. KRISTINA SPOHR, Jg. 1973, lehrt Internationale Geschichte an der London School of Economics and Political Science. In ihrem Buch »Wendezeit – Die Neuordnung der Welt nach 1989« (Pantheon) untersucht die Deutsch-Finnin die Umwälzungen nach dem Kalten Krieg

Welt ja gerade demonstriert, dass man friedlich den Weg der Selbstbestimmung gehen konnte. Wobei das nicht heißt, dass man die alten und neuen Probleme im Nahen Osten oder die Aktivitäten sogenannter *rogue states* wie Nordkorea ignoriert hätte. Aber ganz zu Anfang gab es das Gefühl: Wir versuchen jetzt gemeinsam, eine bessere Welt zu schaffen. Und zwar durch Kooperation im UN-Sicherheitsrat und im Rahmen des internationalen Rechts – wie erstmals bei der Kuwaitkrise 1990/91.

IM JUGOSLAWIENKRIEG VERSAGTE DIESE NEUE WELTORDNUNG ABER SOFORT WIEDER. WARUM KONNTEN DIE EUROPÄISCHEN STAATEN, DIE SICH JA MIT DEM 1993 IN KRAFT TRETENDEN VERTRAG VON MAASTRICHT NOCH ENGER ZUSAMMENGESCHLOSSEN HATTEN, DEN KONFLIKT NICHT LÖSEN? Die Implosion Jugoslawiens, die 1991 begann und schließlich einen genozidalen Bürgerkrieg auslöste, stellte die Europäer vor Fragen, die sie nicht beantworten konnten. Die EU hatte sich zwar zu einer gemeinsamen Außen- und Sicherheitspolitik verpflichtet, aber um diese auch durchzusetzen, musste jemand Macht projizieren. Doch wer sollte das sein? Deutschland war dazu nicht in der Lage, und die europäischen Nuklearmächte Großbritannien und Frankreich waren sich anfangs uneinig.

WAS WOLLTEN DIE FRANZOSEN, WAS WOLLTEN DIE BRITEN? Die Franzosen standen den Serben vielleicht etwas näher und hielten zunächst an der Idee fest, dass man die Situation stabilisiert, indem man Jugoslawien doch noch irgendwie kittet. Die Briten schauten auf die Amerikaner. Schlussendlich sind die Deutschen mit diplomatischen Mitteln vorgepresht und haben 1991/92 erwirkt, dass Europa Kroatien und Slowenien anerkennt. Nicht weil die Deutschen sich groß aufspielen wollten, sondern weil das Selbstbestimmungsrecht der Völker für sie eine besonders große Bedeutung besaß. Wir dürfen nicht vergessen, dass sie nur deshalb im Oktober 1990 ihre Wiedervereinigung erlangt hatten.

AM ENDE MUSSTEN ABER DOCH DIE USA EINGREIFEN. So war es. Die Amerikaner hatten eigentlich auf eine Friedensdividende gehofft und massiv Truppen aus Europa abgezogen. Doch als weder die KSZE noch die EU den Jugoslawienkrieg beenden konnten, mussten sie wieder in die Bresche springen. Man war im Laufe des Konflikts wieder auf die NATO zurückgekommen. Die hatte die Strukturen und das Personal, um eine Intervention durchzuführen. Wobei natürlich vor allem die USA die nötigen Kampfflugzeuge schickten. Der Militäreinsatz in Bosnien im Sommer 1995 war ein Beispiel für *peace enforcement* – also Friedenserzwingung. Übrigens mit Zustimmung der Russen. Sie hatten die Intervention im UN-Sicherheitsrat abgesegnet.

NACH DEM ÜBERRASCHENDEN ENDE DES KALTEN KRIEGES BEGANNEN FAST SO ETWAS WIE FLITTERWOCHEN ZWISCHEN RUSSLAND UND DEM WESTEN. AM 3. JANUAR 1993 WURDE ZUM BEISPIEL DER START-II-VERTRAG UNTERZEICHNET, IN DEM SICH RUSSLAND UND DIE USA ZUM ABBAU DER STRATEGISCHEN ATOMWAFFEN VERPFLICHTETEN. TROTZDEM IST ES IN DEN FOLGENDEN JAHREN NICHT GELUNGEN, DIE RUSSEN IN EINE GEMEINSAME SICHERHEITSARCHITEKTUR EINZUBEZIEHEN. WORAN LAG DAS? WAR AM ENDE FÜR RUSSLAND IN EUROPA DOCH KEIN PLATZ? Mit Ausdrücken wie „kein Platz" muss man sehr vorsichtig sein. Nach dem Ende der Sowjetunion hat sich die deutsche Regierung unter Helmut Kohl dafür eingesetzt, dass Russland in die G7 aufgenommen wurde, obwohl es eigentlich kein großer Industriestaat war. Und natürlich war Moskau auch in der paneuropäischen Sicherheitsorganisation KSZE/OSZE vertreten. Für die Zusammenarbeit mit der NATO gab es den Nordatlantischen Kooperationsrat und später die „Partnerschaft für den Frieden".

DAS NEUE RUSSLAND WAR LÄNGST NICHT SO STARK WIE DIE ALTE SOWJETUNION. HAT DIE NATO DIESE SCHWÄCHE MIT IHRER OSTERWEITERUNG AUSGENUTZT – ODER SOGAR WORTBRUCH BEGANGEN? Man hat den Russen nichts versprochen. Beim 1990 unterzeichneten Zwei-plus-Vier-Vertrag ging es um die Deutschen, nicht um Osteuropa. Und die NATO-Osterweiterung war auch kein Instrument des amerikanischen Imperialismus. Die Handlungsmacht – englisch *agency* – in diesem Prozess hatten die osteuropäischen Staaten. Sie wollten unbedingt in die NATO, die übrigens schon immer eine Politik der offenen Tür pflegte. So war ja in den 1950er Jahren auch die Bundesrepublik dem Bündnis beigetreten.

ABER DIE AUFNAHME VON EHEMALIGEN MITGLIEDERN DES WARSCHAUER PAKTES WAR DOCH EINE GANZ ANDERE SACHE. Sicher. Deshalb wurde ja auch anfangs viel hin und her überlegt. Alle, vor allem aber die Zwischeneuropäer, von Estland bis Bulgarien, hatten Angst vor Instabilität und Chaos – Stichwort Jugoslawien, aber auch Russland.

INWIEFERN? Das Jahr 1993 war ein katastrophales Jahr für Russland. Der russische Präsident Boris Jelzin geriet zu Hause unter großen Druck. Als er im Herbst den noch zu Sowjetzeiten gewählten russischen Kongress der Volksdeputierten auflöste, eskalierte die konstitutionelle Krise. Unter der Führung von Ruslan Chasbulatow verschanzten sich die Parlamentarier in ihrem Sitz, dem Weißen Haus in Moskau. Jelzin ließ Panzer auffahren und das Gebäude beschießen. Nach der Niederschlagung des Protestes stärkte er das Präsidentenamt, verließ sich immer mehr auf seine Geheimdienste und fing damit an, das Geld auf die Oligarchen zu verteilen. Im Grunde wandte sich Jelzin Ende des Jahres 1993 vom demokratischen Weg ab. Man könnte deshalb auch sagen: Die Demokratie in Russland kam tot zur Welt.

UND WAS HAT DAS MIT DER NATO-OSTERWEITERUNG ZU TUN? Nun, damals änderte sich auch die Rhetorik in der russischen Politik. Bei den ersten freien Parlamentswahlen, die im Dezember 1993 abgehalten wurden, holte die Partei von Wladimir Schirinowskij die meisten Stimmen.

SIE MEINEN DEN ULTRANATIONALISTISCHEN POLITIKER, DER VOR KURZEM GESTORBEN IST? Genau. Schirinowskij sprach viel vom „nahen Ausland", also den ehemaligen Sowjetrepubliken, die für ihn zum Einflussbereich eines wiedererstarkten Russlands gehören sollten. Das klang für die gerade unabhängig gewordenen Staaten in Osteuropa natürlich ziemlich bedrohlich, zumal Schirinowskij viele seiner Stimmen von den Angehörigen der Armee bekommen hatte. Die damals – das darf man nicht vergessen – noch nicht vollständig aus Ostdeutschland und dem Baltikum abgezogen war. Deshalb wollten die Osteuropäer unbedingt rein in die NATO und raus aus der russischen Einflusszone. Sie wussten genau, was ihnen droht, wenn ein ultranationalistischer Politiker die Macht im Kreml übernimmt.

DIE AKTUELLEN GESCHEHNISSE GEBEN IHNEN RECHT. Ja, leider. Der Krieg in der Ukraine ist letztlich auch ein Konflikt zwischen zwei unterschiedlichen Vorstellungen, wie die Weltordnung organisiert werden soll. Wladimir Putin möchte, dass die Großmächte alles entscheiden, da nur sie wirklich souverän sind. Kleine Staaten oder Mittelmächte, wie eben die Ukraine, müssen sich dem Willen der Stärkeren fügen. Das westlich-liberale System dagegen beruht auf souveräner Gleichheit und dass jeder Staat ein Recht auf Selbstbestimmung und territoriale Integrität besitzt. Das ist es, was jetzt auf dem Spiel steht. Und deshalb führen die Ursprünge dieses Konflikts zurück in die Wendezeit. ●

2003

GLOBALE HYBRIS

Es ist das Jahr, in dem eine alte Weltmacht den Irak überfällt
und eine neue im All Ambitionen zeigt. In dem sich eine folgenreiche
deutsch-russische Männerfreundschaft offenbart, in der es
bald um Gas geht. Und in dem sich der Klimawandel mit tödlichen
Hitzerekorden in Europa meldet, während die Deutschen
ein Fußballwunder im TV verfolgen

BILDTEXTE: INSA BETHKE UND JOHANNES TESCHNER

MIT MASSIVEN LUFTSCHLÄGEN greifen die USA
ab dem 20. März 2003 den Irak an, um
das Regime Saddam Husseins, das angeblich Terroristen unterstützt und Massenvernichtungswaffen besitzt, zu entmachten.
Knapp drei Wochen später, am 9. April,
haben US-Soldaten Bagdad erobert – und
schaffen mit der Demontage dieser
Bronzestatue des irakischen Diktators
ein Symbolbild seines Falls

AMERIKANISCHE SOLDATEN am 19. April 2003 in einem der Paläste Saddam Husseins. Bereits im Monat darauf erklärt US-Präsident George W. Bush die Militärmission im Irak für »vollendet«, im November wird der geflohene und später hingerichtete Diktator in einem Erdloch entdeckt. Doch gewonnen ist dieser von einer »Koalition der Willigen«, vor allem den Briten, gestützte Krieg nicht: Gegen die Besatzer und die von ihnen eingesetzte Regierung wächst bald blutiger Widerstand

DIE FÜHRUNGSGESTALTEN von Deutschland und Russland lehnen den Krieg im Irak ab – und finden auch sonst mehr und mehr Gefallen aneinander. Am 31. Mai eröffnen Gerhard Schröder und Wladimir Putin gemeinsam eine Rekonstruktion des einst von der deutschen Wehrmacht geraubten und seitdem verschollenen Bernsteinzimmers im Katharinenpalast bei Sankt Petersburg. Wenige Monate später demonstrieren sie mit einem deutsch-russischen Gipfeltreffen Einigkeit. Und krönen ihre politische Freundschaft schließlich mit dem Plan einer Gaspipeline

LTGEFÜGE Feinde, Partner d Rivalen

NICHT AMERIKANER ODER RUSSEN sitzen in dieser Rakete, sondern ein Chinese: Am 15. Oktober 2003, Jahrzehnte nachdem die USA und die UdSSR den Wettlauf ins All begonnen haben, feiert Peking seinen ersten bemannten Weltraumflug. 20 Jahre später kreist eine chinesische Raumstation um die Erde – und die asiatische Großmacht ist nach den USA die Nummer zwei im All

MARIACHI-MUSIKER SPIELEN auf, als in einem Werk nahe der mexikanischen Stadt Puebla der letzte VW-Käfer vom Band rollt. 21 529 464 Stück sind von dem 1938 eingeführten Modell gebaut worden, das in der Nachkriegszeit zu einem Symbol des deutschen Wirtschaftswunders aufgestiegen war. Seit Einstellung der Produktion in Europa im Jahr 1978 und in Brasilien 18 Jahre später war Mexiko das letzte Land, in dem das von Ferdinand Porsche erdachte Automobil noch hergestellt wurde – doch auch hier war die Nachfrage zuletzt so stark zurückgegangen, dass es am 30. Juli 2003 zum Ende des ursprünglichen »Volkswagen« kommt

EIN AUSFLÜGLER IN BAYERN schiebt sein Rad über ein ausgetrocknetes Seebett. Europa ächzt 2003 unter einer nie da gewesenen Hitzewelle, die Temperaturen steigen auf bis zu 47,5 Grad. Der »Jahrhundertsommer« bedeutet eine der größten Naturkatastrophen in der Geschichte des Kontinents: Hunderttausende Hektar an Waldfläche gehen in Flammen auf, Gewässer trocknen aus, Fische verenden massenweise, und ungefähr 70 000 Menschen sterben in Folge der Hitze, vor allem in Frankreich und Italien. So klar wie niemals zuvor machen Forscher den Klimawandel als Ursache für die extremen Bedingungen aus

IM KONFETTIREGEN stemmt die Mittelfeldspielerin Pia Wunderlich am 12. Oktober 2003 den Weltmeisterschaftspokal in die Höhe. Mit 2:1 hat die deutsche Frauen-Fußballnationalmannschaft im Finale Schweden besiegt – und sich so erstmals den wichtigsten Titel des Fußballsports gesichert. Nach dem Triumph von Los Angeles wird das Team zur deutschen »Mannschaft des Jahres« gekürt, erfährt der hiesige Frauenfußball eine Aufmerksamkeit wie nie zuvor – und bleibt dennoch weiterhin im übergroßen Schatten des milliardenschweren Profigeschäfts der männlichen Kollegen

»NÖTIG WÄRE EINE SCHUBUMKEHR«

2003 griffen die USA den Irak an – für den Historiker Bernd Greiner Ausdruck einer außenpolitischen Agenda, die Washington seit 1945 verfolgt. Einer Doktrin, die auf militärischer Stärke fußt und globale Dominanz anstrebt. Und die angesichts der schwindenden Bedeutung der Vereinigten Staaten immer riskanter wird

INTERVIEW: JENS-RAINER BERG UND JOHANNES TESCHNER

GEOEPOCHE: IM MÄRZ 2003 GRIFFEN DIE USA DEN IRAK AN – UND BEGANNEN DAMIT EINEN KONFLIKT, DEN DIE MEISTEN BEOBACHTER HEUTE ALS EINEN VÖLKERRECHTSWIDRIGEN ANGRIFFSKRIEG EINORDNEN. IST DAS AUCH IHRE SICHT? PROF. DR. BERND GREINER: Ohne jeden Zweifel. Die USA haben den Irak überfallen, ein Land, das weder mit den Terroranschlägen vom 11. September 2001 irgendetwas zu tun hatte noch über ein nennenswertes militärisches Potenzial verfügte – und schon gar nicht über Massenvernichtungswaffen, wie fälschlicherweise behauptet wurde.

WAR DAS EIN TABUBRUCH, EINE NEUE QUALITÄT DER JA AUCH SCHON ZUVOR INTERVENTIONISTISCHEN US-AUSSENPOLITIK? Nein, dieser Überfall fügt sich in eine jahrzehntealte Washingtoner Doktrin. Für die Neokonservativen in der Administration von US-Präsident George W. Bush, und erst recht für Leute wie Dick Cheney und Donald Rumsfeld, war der Irakkrieg eine Gelegenheit, überlegene militärische Stärke zu demonstrieren und so die Hegemonie der USA in der Welt zu sichern. Und das entspricht dem Weg, den Washington seit dem August 1945 wiederholt eingeschlagen hat.

SIE MEINEN DIE ATOMBOMBENABWÜRFE VON HIROSHIMA UND NAGASAKI? Ja. Dem Einsatz dieser Waffen ist zwar eine kontroverse interne Diskussion vorausgegangen. Hohe Militärs haben Präsident Harry S. Truman regelrecht bekniet, es nicht zu tun. Der Abwurf auf zwei Großstädte, gegen einen Gegner, der ohnehin kurz vor der Kapitulation stand, war für sie in erster Linie Terror gegen Zivilisten. Truman aber ist jenen Beratern gefolgt, die gesagt haben: Es reicht nicht aus, nur über diese neue Waffe zu verfügen. Man muss der Welt auch demonstrieren, dass man bereit ist, sie zu nutzen. Dann, so hat es der damalige Kriegsminister Henry L. Stimson formuliert, habe man einen Royal Straight Flush in

der Hand, ein im Poker nicht schlagbares Blatt. Trumans Chefberater James F. Byrnes unterstützte Stimson und meinte, dass die USA mit diesem Ass im Ärmel ihre weltpolitischen Bedingungen in der Nachkriegszeit diktieren könnten.

ABER BALD WURDE DIE ATOMBOMBE ALS MACHTMITTEL DADURCH NEUTRALISIERT, DASS DIE SOWJETUNION AB 1949 AUCH ÜBER ATOMWAFFEN VERFÜGTE. Beiden Seiten war seither klar, dass sie bei einem Einsatz dieser Waffen Gefahr liefen, sich selbst zu vernichten, dass derjenige als Zweiter stirbt, der als Erster schießt. Und dennoch hat man in Washington, wie übrigens in Moskau auch, weiterhin geglaubt, man könne sich mit technischen Durchbrüchen einen wie auch immer gearteten Vorteil verschaffen – und diesen Vorteil dann wiederum nutzen für eine Außenpolitik der Stärke, letztlich für politische Erpressung. Auch diesbezüglich ist eine Kontinuität zu den Ausgangsüberlegungen des Sommers 1945 feststellbar.

UND WIE ÄUSSERTE SICH DAS KONKRET? Seither war die Welt in unterschiedliche Sicherheitszonen aufgeteilt. Auf der nördlichen Halbkugel hat die beiderseitige Vernichtungsandrohung halbwegs funktioniert und trotz aller Konflikte und Krisen zu einem kalten Frieden geführt. Ganz anders auf der südlichen Halbkugel: Dort wollten die USA gemäß der Ursprungsüberlegung von 1945 demonstrieren, dass sie weiterhin willens und fähig waren, Interessen mittels militärischer Stärke durchzusetzen. Und das ist ein wesent-

ZUR PERSON

PROF. DR. BERND GREINER, Jg. 1952, hat sich nach dem Studium der Geschichte, Politikwissenschaft und Amerikanistik auf die Historie der Vereinigten Staaten im 20. Jahrhundert spezialisiert, dabei vor allem deren Außenpolitik unter die Lupe genommen – zuletzt in seinem Buch »Made in Washington« (C. H. Beck).

licher Grund für die Vielzahl von Kriegen und Interventionen, die seit den 1950er Jahren im globalen Süden geführt worden sind, denken Sie etwa an Kuba, Vietnam, Laos, Kambodscha, Guatemala, Nicaragua oder den Kongo.

ALLES DIE SCHULD DER USA? Natürlich nicht, Moskau und andere Protagonisten waren ebenfalls im Spiel, aber die USA haben entscheidend zur nachhaltigen Schädigung vieler Gesellschaften des globalen Südens beigetragen. Durch Kriege, durch von außen erzwungene Regimewechsel oder durch die Komplizenschaft mit Staatsterroristen wie in Indonesien, Chile, Argentinien. Einige dieser Gesellschaften haben sich erst nach dem Rückzug der USA einigermaßen erholt.

MACHT DIESE ART DER POLITIK IN IHREN AUGEN DENN DEN KERN DESSEN AUS, WAS MAN OFT ALS „PAX AMERICANA" BEZEICHNET HAT UND WAS EINE MASSGEBLICH VON DEN USA BESTIMMTE WELT-ORDNUNG MEINT? Wenn man die Pax Americana als Politik definiert, die ihre Ziele auch und nicht zuletzt durch militärische Übermacht und den Einsatz militärischer Mittel zu erreichen versucht, dann ja. Wobei ich den Anspruch der USA nicht bestreiten würde, die Welt sicherer zu machen, also Wohlstand und Freiheit zu fördern.

DAS MÜSSEN SIE ERKLÄREN. DAS, WAS SIE BISHER DARGELEGT HABEN, IST DOCH EINE RADIKAL EGOISTISCHE, GERADEZU MENSCHENFEINDLICHE AGENDA. Es gibt in den USA eine Art ewiges Selbstgespräch darüber, was diese Nation ausmacht, ein Selbstgespräch, das getrieben ist vom Bedürfnis nach einer großen gemeinsamen Erzählung, die diese junge und von Einwanderung geprägte Nation zusammenhält. Dabei ist der religiös aufgeladene Gedanke zentral, dass die USA auserwählt seien, die Welt quasi im göttlichen Auftrag zu retten.

DIESE ERZÄHLUNG GIBT ES FRAGLOS. ABER MEINEN SIE WIRK-LICH, DASS DIE ENTSCHEIDER IN WASHINGTON DARAN GLAUBEN? Sicher nicht alle. Aber im Großen und Ganzen meine ich, dass die meisten außenpolitisch Verantwortlichen zutiefst von diesem Selbstbild überzeugt sind und an ihre Mission glauben. Dass die Realität damit schwer vereinbar ist, steht auf einem anderen Blatt. Im außenpolitischen Tagesgeschäft geht es um Dominanz, also darum, ein Umfeld zu schaffen, in dem die wirtschaftlichen und politischen Interessen der USA zum Tragen kommen – aber durchaus gepaart mit der Überzeugung, dass die Welt letztlich besser würde, wenn die USA sich durchsetzten.

DA KÖNNTE MAN JETZT WOHLWOLLEND SAGEN, DASS SICH DAS INSOFERN BEWAHRHEITET HAT, ALS DASS NACH DEM ZUSAMMEN-BRUCH DES OSTBLOCKS UM 1990, DEM SIEG DER USA IM KALTEN KRIEG, DIE WELT INSGESAMT FREIER, FRIEDLICHER UND WOHL-HABENDER GEWORDEN IST. Man kann zumindest sagen, dass sich mit der Auflösung der Sowjetunion ein Fenster der Gelegenheit

geöffnet hatte – nur leider wurde es nicht genutzt. Die 1990er Jahre sind eine Dekade der verpassten Chancen. Die USA haben seitdem weiter an ihrer auf militärischer Überlegenheit fußenden Außenpolitik der Stärke festgehalten – und damit just das befördert, was sie eigentlich vermeiden wollten.

NÄMLICH? In erster Linie den Aufstieg von nationalistischen, chauvinistischen, revanchistischen Kräften in Russland. Von Kräften, die den Boden bereitet haben für Wladimir Putin.

SEIT PUTIN DIE UKRAINE ÜBERFALLEN HAT, TRETEN DIE USA WIEDER DEUTLICHER ALS IN DEN JAHREN ZUVOR ALS GLOBALE ORDNUNGSMACHT IN ERSCHEINUNG, LIEFERN MASSIV WAFFEN AN KIEW. BRAUCHT DER WESTEN DIE USA AM ENDE DOCH ALS GARANTEN DER STABILITÄT, ALS SCHUTZMACHT, DIE DIE WEST-LICHEN WERTE VERTEIDIGT? Ich glaube nicht, dass die USA als Ordnungsmacht taugen. Dazu sind sie viel zu sehr auf sich selbst fokussiert. Ihre Außenpolitik folgt stets dem Grundsatz: Unilateralismus so weit wir irgend möglich, Multilateralismus nur so weit wie unbedingt nötig. Damit kann man die vielfältigen Herausforderungen unserer Zeit nicht bewältigen. Nötig wäre eine Schubumkehr, eine Anerkennung der Tatsache, dass alle zusammen verlieren werden, wenn sie nicht gemeinsam gewinnen wollen – zumal die Bedeutung der USA durch den Aufstieg Chinas und Indiens ja abnimmt, politische Alleingänge immer weniger zielführend sind.

GLAUBEN SIE, DIESE SCHUBUMKEHR WIRD KOMMEN? Da bin ich leider skeptisch. Washington hat massive Probleme mit dem Verlust seiner weltpolitischen Hegemonie. Und reagiert wieder mit den alten Reflexen, will dieser unaufhaltsamen Entwicklung durch die Demonstration von Stärke Herr werden, wie sich im Armdrücken mit China zeigt. Wie einst im Kalten Krieg will jede Seite austesten, wie weit sie gehen kann und wer als Erster einknickt. Das ist riskant, und da bräuchte es eine Politik ohne Lagerdenken und Überlegenheitsdünkel, eine Politik, die sich von der Vorstellung verabschiedet, Ordnung nach eigenen Bedingungen schaffen zu können. Und die nicht länger darauf setzt, Rüstung als Gradmesser von Glaubwürdigkeit anzusehen.

DAVON SCHEINT DIE WELT GERADE ZIEMLICH WEIT ENTFERNT. Leider. Putin hat mit seinem Überfall auf die Ukraine die Debatte über eine kooperative Weltordnung auf absehbare Zeit ruiniert. Aber: Zielführende Ideen, die die Welt verändert haben, wurden vielfach in Zeiten formuliert, in denen sie naiv klangen. Denken Sie an den Begriff der „gemeinsamen Sicherheit" als Grundlage eines belastbaren Friedens. Dieses Konzept hat der junge Willy Brandt im norwegischen Exil formuliert – 1939, kurz nach dem Ausbruch des Zweiten Weltkriegs. So düster die Lage derzeit auch aussehen mag, Anregungen für einen Neuanfang gibt es zuhauf. Man muss sie nur in das Hier und Jetzt übersetzen. ●

2013

AM ABGRUND

Es ist das Jahr, in dem erstmals seit dem Mittelalter ein Papst
zu Lebzeiten abtritt. In dem die Hauptangeklagte eines historischen
Prozesses in Deutschland beharrlich schweigt, ein Amerikaner
hingegen schockierende Geheimnisse preisgibt. Und in dem Dramen
beginnen, die die Welt bis heute prägen

BILDTEXTE: SAMUEL RIETH UND JOHANNES TESCHNER

ES IST SEINE LETZTE GROSSE AUDIENZ, die Papst Benedikt XVI. hier verlässt.
Noch einmal hat er am 27. Februar 2013 vor Tausenden Gläubigen auf dem
Petersplatz gesprochen. Am Tag darauf tritt er zurück, als erster Pontifex seit
mehr als 700 Jahren. Offiziell gibt Joseph Ratzinger, wie er bürgerlich heißt,
seine schlechte Gesundheit als Grund für den Amtsverzicht an. Doch vermutlich sind es Intrigen und Machtkämpfe unter den Kardinälen, die ihn zum
Rückzug bewegen, sowie immer wieder aufkommende Missbrauchsvorwürfe
gegen kirchliche Würdenträger. 2022 erhärtet ein Gutachten den Verdacht,
dass Benedikt in seiner Zeit als Kardinal Hinweisen auf sexuellen Missbrauch
Minderjähriger in seinem Verantwortungsbereich nicht nachgegangen
ist, Verdächtige womöglich sogar gedeckt hat. Der Papst, nach katholischer
Lehre Stellvertreter Jesu Christi auf Erden, steht als Lügner da

UNTER STRENGEN Sicherheitsvorkehrungen beginnt im Mai 2013 der Prozess gegen Beate Zschäpe. Zusammen mit Uwe Böhnhardt und Uwe Mundlos, die sich vor der drohenden Festnahme das Leben genommen haben, bildete sie die rechtsextreme Terrorgruppe »Nationalsozialistischer Untergrund« (NSU), die rund 13 Jahre lang gemordet, gebombt und etliche Banken überfallen hat. Nach 438 Verhandlungstagen, an denen sie nichts zur Aufklärung der Taten beiträgt, verurteilen die Richter Zschäpe wegen zehnfachen Mordes zu lebenslanger Haft. Ohne Zschäpe, die nicht selbst getötet hat, hätten die Verbrechen demnach nicht gelingen können

DER NSU ERMORDET zehn Menschen: Acht Opfer sind türkischstämmige Zuwanderer, eines hat griechische Wurzeln, und eines ist eine Polizistin, die der Terrorgruppe wohl in die Quere gekommen war. Im April 2013 weihen Angehörige und Freunde in Kassel ein Denkmal für Halit Yozgat ein, der 2006 durch Schüsse der Rechtsextremen starb, und halten dabei Bilder der anderen Opfer in den Händen. Viele der betroffenen Familien beklagen im Prozess, dass die Behörden lange zu einseitig ermittelt hätten, nur angeblichen Konflikten im Milieu der Einwanderer als Ursache der Taten nachgegangen seien – und die wahren Täter deshalb jahrelang unbehelligt blieben

NSU-PROZESS Täter und Opfer

AN EINER WAND IN KÖLN kleben Plakate mit dem Konterfei des Whistleblowers Edward Snowden. Der ehemalige Mitarbeiter der US-Geheimdienste CIA, NSA und DIA deckt im Sommer 2013 mithilfe gestohlener Daten auf, in welchem Ausmaß vor allem die NSA weltweit Daten sammelt und auch befreundete Staaten überwacht. Die Enthüllungen führen zu diplomatischen Spannungen, Berlin bestellt erstmals in der Geschichte der Bundesrepublik den amerikanischen Botschafter ein. Asyl vor der US-Strafverfolgung aber will Snowden kein westlicher Staat geben. Snowden flieht nach Moskau. Nach neun Jahren im Exil erhält er im September 2022 die russische Staatsbürgerschaft

VOR KRIEG, VERFOLGUNG oder Armut fliehen sie über das Mittelmeer Richtung Europa – und riskieren bei der gefährlichen Überfahrt, die sie von Afrika oder dem Nahen Osten aus wagen, ihr Leben. Häufig zahlen die Flüchtenden hohe Summen an kriminelle Schlepperbanden, für einen Platz in einem der oft überfüllten, kaum hochseetauglichen Boote

EINES DER BISLANG schwersten Unglücke ereignet sich am 3. Oktober 2013: Als vor der Insel Lampedusa ein Kutter mit rund 550 Menschen an Bord sinkt, ertrinken mindestens 366 von ihnen, bevor Fischer und die italienische Küstenwache die übrigen retten. In einem Hangar auf Lampedusa reihen sich kurz danach die Särge der Verunglückten – ein Bild, dass die Diskussionen in Europa über die moralische Pflicht zu einer wirkungsvolleren Hilfe für die Flüchtlinge anheizt

AUFBRÜCHE Hoffnung, Verzweiflung und Wut

AUF DEM TAHRIR-PLATZ in Kairo feiern am 4. Juli 2013 Tausende Menschen den Sturz von Mohammed Mursi, Ägyptens erstem demokratisch gewählten Präsidenten. Mursi war im Zuge des sogenannten »Arabischen Frühlings« an die Macht gekommen – jener Protestwelle, die 2011 den Nahen Osten erfasste und die autoritären Regime in Tunesien, Ägypten, Libyen und im Jemen hinwegspülte. Doch in fast allen Ländern erfüllen sich die Hoffnungen der Demonstranten in der Folge nicht, kommen die alteingesessenen Machteliten bald wieder ans Ruder. In Ägypten ist es das traditionell einflussreiche Militär, das gegen Mursi putscht – zur Freude vieler Ägypter, die den Politiker unter anderem für die schlechte wirtschaftliche Lage verantwortlich machen

UKRAINE Auftakt eines Bebens

MASSENHAFTE PROTESTE erschüttern ab dem 21. November 2013 die Ukraine: Kurz zuvor hat Präsident Wiktor Janukowitsch – auf Druck des mächtigen Nachbarn Russland – ein geplantes Abkommen mit der EU gestoppt. Sicherheitskräfte gehen brutal gegen die Demonstrationen auf dem Majdan Nesaleschnosti vor, dem »Platz der Unabhängigkeit« in der Hauptstadt Kiew, die unter dem Namen »Euromajdan« bekannt werden. Rund 100 Menschen kommen bei Zusammenstößen im Lauf des Winters ums Leben, die meisten von ihnen Gegner des zunehmend verhassten prorussischen Regimes. Im Februar 2014 gelingt es den Oppositionellen, den Präsidenten zu stürzen. Doch Russlands Armee marschiert daraufhin auf der Halbinsel Krim ein, bald auch in die Ostukraine. Es ist der Auftakt eines jahrelangen, blutigen Krieges

GEOEPOCHE PANORAMA

GESCHICHTE IN BILDERN

IMPRESSUM

CHEFREDAKTEURE: Jens Schröder, Markus Wolff

REDAKTIONSLEITUNG: Joachim Telgenbüscher

MANAGING DESIGNERIN: Tatjana Lorenz

LAYOUT: Frank Strauß

BILDREDAKTION: Camilla Ackermann, Julia Franz, Christian Gargerle, Anja Jöckel

TEXTREDAKTION: Jens-Rainer Berg, Kirsten Bertrand, Insa Bethke, Dr. Anja Fries, Samuel Rieth, Johannes Teschner

AUTOREN: Jörg-Uwe Albig, Dr. Mathias Mesenhöller

QUALITY BOARD – VERIFIKATION, RECHERCHE, SCHLUSSREDAKTION: Leitung: Tobias Hamelmann, Norbert Höfler, Melanie Moenig (Stellvertreterin); Elke von Berkholz, Lenka Brandt, Regina Franke, Hildegard Frilling, Dr. Götz Froeschke, Thomas Gebauer, Susanne Gilges, Cornelia Haller, Sandra Kathöfer, Judith Ketelsen, Petra Kirchner, Dirk Krömer, Michael Lehmann-Morgenthal, Dirk Liedtke, Kirsten Maack, Jörg Melander, Andreas Mönnich, Susan Molkenbuhr, Alice Passfeld, Christian Schwan, Andreas Sedlmair, Stefan Sedlmair, Bettina Süssemilch

KARTOGRAPHIE: Stefanie Peters

GESCHÄFTSFÜHRENDE REDAKTEURE: Maike Köhler, Bernd Moeller

CHEF VOM DIENST / KOORDINATION: Ralf Schulte

ASSISTENZ DER CHEFREDAKTION/REDAKTIONSASSISTENZ: Ümmük Arslan

Verantwortlich für den redaktionellen Inhalt: Jens Schröder, Markus Wolff

VICE PRESIDENTS NEWS, WIRTSCHAFT & WISSEN (PRINT/DIGITAL): Julian Kösters, Bianca Wannemacher

PUBLISHING MANAGEMENT: Patricia Hildebrand, Svenja Urbach, Eva Zaher

SALES DIRECTION: Franziska Bauske, Betsy Edakkamannil, Maren Falke, DPV Deutscher Pressevertrieb

MARKETING DIRECTION: Stefan Bromberg

PRESSE- UND ÖFFENTLICHKEITSARBEIT: Xenia El Mourabit

Verantwortlich für den Inhalt der Anzeigen: Petra Küsel – Head of Brand Print + Direct Sales, Ad Alliance GmbH, Am Baumwall 11, 20459 Hamburg. Es gilt die jeweils aktuelle Preisliste

HERSTELLUNG: G+J Herstellung, Heiko Belitz (Ltg.), Oliver Fehling

Repro: Repro Becker, Würzburg

Druck: Weiss-Druck GmbH & Co. KG, Monschau

Gruner + Jahr Deutschland GmbH
Sitz von Verlag und Redaktion: Am Baumwall 11, 20459 Hamburg
Postanschrift der Redaktion: Briefach 24, 20444 Hamburg
Telefon: 040 / 37 03-0; Internet: www.geo.de/epoche
Heftpreis: 18,00 Euro (D), 22,00 (A), 34.00 sfr (CH)
ISBN: 978-3-652-01223-2, ISSN-Nr. 2195-8297
© 2022 Gruner + Jahr Deutschland GmbH, Hamburg
Bankverbindung: Deutsche Bank AG Hamburg,
IBAN: DE 30 2007 0000 0032 2800 00,
BIC: DEUTDEHH

USA: GEOEPOCHE is published by Gruner + Jahr Deutschland GmbH K.O.P.: German Language Pub., 153 S Dean St, Englewood NJ 07631. Periodicals Postage is paid at Paramus NJ 07652. Postmaster: Send address changes to GEOEPOCHE, GLP, PO Box 9868, Englewood NJ 07631. **KANADA:** Sunrise News, 47 Silver Shadow Path, Toronto, ON, M9C 4Y2, Tel.: +1 647-219-5205, E-Mail: sunriseorders@post.com

GEO-LESERSERVICE

FRAGEN AN DIE REDAKTION

Telefon: 040 / 37 03 20 84, E-Mail: briefe@geo-epoche.de

ABONNEMENT- UND EINZELHEFTBESTELLUNG

Online-Kundenservice: www.geo.de/kundenservice
Telefon: 0049 / 40 / 55 55 89 90
Service-Zeiten: Mo–Fr 7.30 bis 20.00 Uhr, Sa 9.00 bis 14.00 Uhr
Postanschrift: GEOEPOCHE Kundenservice, 20080 Hamburg

BESTELLADRESSE FÜR GEO-BÜCHER, GEO-KALENDER ETC.

Anschrift: GEO-Versand-Service, 74569 Blaufelden
Telefon: +49 / 40 / 42 23 64 27, Telefax: +49 / 40 / 42 23 66 63
E-Mail: guj@sigloch.de

FOTOVERMERK NACH SEITEN

Anordnung im Layout: l. = links, r. = rechts, o. = oben, m. = Mitte, u. = unten

Titel: Hulton Archive/Getty Images: o.; AFP/Getty Images: m.; ullstein bild/RDB: u.

Editorial: Malte Joost für GEOEPOCHE: 3

Inhalt: Willy Römer/Kunstbibliothek, SMB/bpk: 4 o. l.; ullstein bild/Herbert Hoffmann: 4 o. r.; akg-images/AP: 4 o. m.; Eastblockworld.com: 4 u. l.; Stadtarchiv München: 4 u. m.; picture-alliance/Sven Simon: 4 u. r.; ullstein bild/RDB: 5 o.; imago/Danita Delimont: 5 m. l.; Ron Haviv/VII/Redux/laif: 5 u. l.; REUTERS/Alessandro Bianchi: 5 u. r.

1923 – Krise und Aufbruch: imago stock&people: 6; Photothek Willy Römer/Kunstbibliothek, SMB/bpk: 7, 16; akg-images: 8; bpk: 9 o.; ullstein bild/picture-alliance: 9 u.; ddp images: 10/11; Bridgeman Images: 12; Illustrated London News Ltd/Mary Evans/Interfoto: 13; akg-images: 14 o.; Heinrich Hoffmann/bpk: 14 u.; Heinrich Hoffmann/Bundesarchiv: 15; SZ Photo: 17 o.; Dieter Lohse/ullstein bild: 17 l.; Für Walter Gropius und Gertrud Arndt © VG Bild-Kunst, Bonn 2022 – Foto: Bauhaus-Archiv Berlin: 17 u. r.; privat: 18

1933 – Marsch ins Dunkel: Indra Desnica/Deutsches Historisches Museum/bpk: 20; Herbert Hoffmann/ullstein bild: 21; Alamy/mauritius images: 22; Friedrich/Interfoto: 23 o.; SZ Photo/ ullstein bild: 23 u.; Corbis via Getty Images: 24 o. l.; American Stock/ClassicStock/Getty Images: 24 o. r.; Chicago Sun-Times/Chicago Daily News collection/Chicago History Museum/Getty Images: 24 u.; Dick Whittington Studio/Corbis via Getty Images: 25; Germaine Van Parys/ GermaineImage/akg-images: 26/27; PictureLux/United Archives: 28 o.; Album/Nero/akg-images: 28 u. l.; © Banco de México Diego Rivera Frida Kahlo Museums Trust/VG Bild-Kunst, Bonn 2022/Bridgeman Images: 28 u. r.; © Man Ray 2015 Trust/ADAGP – VG Bild-Kunst, Bonn 2022, Foto: Telimage, Paris: 29; Shawshots/Alamy/Mauritius images: 30; Joseph Schorer/ bpk: 31 o.; Argusphot/ullstein bild: 31 u. l.; SZ Photo: 31 u. r.; akg-images: 32 o. l.; TV-Yesterday/ Interfoto: 32 u. r.; Mary Evans/imago images: 33

1943 – Kriegswende: Bridgeman Images: 34, 35, 39, 40/41, 45; Eastblockworld.com: 36/37; akg-images: 38 o. l., o. r.; Universal History Archive/akg-images: 38 u.; akg-images: 42; Hans Brunswig/bpk: 43; Lt. C H Parnall/ Imperial War Museums via Getty Images: 44

Ikone des Widerstands: Stadtarchiv München: 46/47; Leipniz Institute – Institut für Zeitge-schichte: 46 o.; whiteroseinternational.com: 48; George (Jürgen) Wittenstein/akg-images: 49 o., 49 u.; Sammlung Familie Hartnagel: 50, 51; HERMANN HISTORICA GmbH/Interfoto: 52; Georg Schädl/SZ Photo: 53; Bayerische Staatsbibliothek/bpk: 54 o. l.; Interfoto: 54 u. r.; Jürgen Raible/akg-images: 55; Bundesarchiv: 56, 57 l.; dpa/picture-alliance: 57 r.

1953 – Aufstand und Gipfelsturm: Ap/akg-images: 58; Wolfgang Albrecht/Deutsches Historisches Museum/bpk: 59; akg-images: 60, 61 u.; Keystone: 61 u.; Archiv Heinrich Hoffmann/Bayerische Staatsbibliothek/bpk: 62; dpa/picture-alliance: 63 o.; Bettmann Archive/ Getty Images: 63 u.; Pictures From History/akg-images: 64 o.; AP/ullstein bild: 64 u.; AP/

picture-alliance: 65; Xinhua/SIPA USA/ddp: 66/67; Vintage Germany/Lübecker Nachrichten/ Hans Kripgans: 69

1963 – Traum und Schrecken: Heritage Images/picture-alliance: 70; Bettmann Archive/Getty Images: 71; Frank Rockstroh/Michael Ochs Archives/Getty Images: 72 o.; AP/picture alliance: 72 u.; Consolidated News Pictures/Getty Images: 73; dpa/picture-alliance: 74; dpa/ullstein bild: 75 o. l.; ap/dpa/picture-alliance/SZ Photo: 75 o. r.; Friedrich/Interfoto: 75 u.; Bridgeman Images: 76; Trinity Mirror/Mirrorpix/Alamy Stock Photo: 77; United Archives/TopFoto/ picture-alliance: 78/79; Flip Schulke/Corbis via Getty Images: 80 o. l.; Sven Simon/ picture-alliance: 80 u.; Bridgeman Images: 81

1973 – Ohne Treibstoff: AP/picture-alliance: 82, 85; RDB/ullstein bild: 83; dpa/picture-alliance: 84, 88 u.; Jürgen Wagner/Timeline Images/SZ Photo: 86/87; David Burnett/Contact Press Images/Agentur Focus: 88 o.; United Archives/WHA/ddp: 89; Leif Skoogfors/CAMERA PRESS/ddp: 90/91; privat: 92

1983 – Die Zuspitzung: National Institute of Allergies & Infectious Diseases/Science Photo Library: 94; Allan Tannenbaum/Polaris/ddp: 95; dpa/picture-alliance: 96; dpa/SZ Photo: 97 o., 98 o. r.; A. Abbas/Magnum Photos/Agentur Focus: 97 u.; Guenay Ulutuncok/akg-images: 98 o. l.; Heinz Wieseler/picture-alliance: 98 u.; Klaus Mehner/Bundesstiftung Aufarbeitung/bpk: 99; AP/picture-alliance: 100/101; Der Spiegel: 102 o. l.; Heinrich Sanden/picture-alliance: 102 u. r.; Bacharach: 103

1993 – Trümmer und Hoffnungszeichen: Danita Delimont/imago: 104; Emmanuel Ortiz/akg-images: 105; David Levenson/Getty Images: 106; Flickr/ICTY Photos: 107 o.; J. DAVID AKE/ AFP via Getty Images: 107 u.; dpa/ullstein bild: 108 o., 111 u.; Sygma/Getty Images: 108 u. l.; AP/picture-alliance: 108 u. r.; Jochen Eckel/SZ Photo: 109; Florian Profitlich/akg-images: 110; Jochen Eckel/imago images: 111 u.; Kaveh Sardari: 112

2003 – Globale Hybris: dpa/picture-alliance: 114, 116 u.; © Ron Haviv/VII/Redux/laif: 115; © Paolo Pellegrin/Magnum Photos/Agentur Focus: 116 o. l.; ROPI/picture-alliance: 116 o. r.; AP/picture-alliance: 117; ASA/picture-alliance: 118; AP/ullstein bild: 119 o.; Günter R. Müller/ SZ Photo: 119 u.; Fabian Hammerl: 120

2013 – Am Abgrund: Polaris/ddp: 122; Alessandro Bianchi/Reuters: 123; R. Goldmann/ picture-alliance: 124; AP/picture-alliance: 125 o.; Regina Schmeken/SZ Photo/laif: 125 u.; ROPI/picture-alliance: 126 o.; Luca Bruno/AP/picture-alliance: 126 u.; Ed Giles/Getty Images: 127; Taras Polataiko/Alamy/mauritius images: 128/129

Vorschau: Bridgeman Images: 131 m. l.; Bettmann/Getty Images: 131 m. r.; picture-alliance/ Telimprensa: 131 u. l.; Getty Images: 131 u. m.; picture alliance/ASSOCIATED PRESS: 131 u. r.

Rückseite: imago/Danita Delimont: 132